Mit Schopenhauer gelassen durchs Leben

HERDER spektrum
Band 5794

Das Buch

Wie können wir glücklich sein auf dieser Welt? Wie können wir unser Leben meistern, wie werden wir gelassen? Noch immer gilt Arthur Schopenhauer als der Philosoph der Pessimisten, als skeptischer Griesgram und Nörgler: Sagt er nicht, dass Glück nur in der Abwesenheit von Leid bestehe, glaubt er nicht, dass allein der Schmerz wirklich sei? – Dieses Buch entdeckt einen ganz anderen Schopenhauer, den Freund der Tiere und der Menschen, einen Denker, der nach neuen Wegen sucht, mit offenen Augen und frohem Herzen das Leben zu bestehen. Wer sich selbst ernst nimmt, wer den Tag ehrt, statt sich von Sorgen und Reue irritieren zu lassen, der entdeckt mit Schopenhauer die Harmonie einer Welt, in der es sich leben lässt, heiter und gelassen bis zum Ende.

Der Autor

Arthur Schopenhauer, geboren 1788 in Danzig, gestorben 1860 in Frankfurt am Main, gehört zu den bedeutendsten Denkern der Neuzeit. Seine Philosophie des Willens – als des elementaren Lebenstriebs – und seiner Überwindung bereitete den Boden für die Modelle der modernen Psychologie und prägt unser Weltbild bis heute. Seine wichtigsten Werke: *Die Welt als Wille und Vorstellung* (1818) und *Parerga und Paralipomena* (1851).

Der Herausgeber

Hans-Joachim Neubauer lehrt an der Filmhochschule Potsdam-Babelsberg und ist Redakteur des *Rheinischen Merkur* in Berlin. Mehrere Bücher. Bei Herder Spektrum: *Mit Nietzsche die Langsamkeit entdecken* und *Mit Kant am Ast der Dummheit sägen.*

Arthur Schopenhauer

Mit Schopenhauer gelassen durchs Leben

Herausgegeben von
Hans-Joachim Neubauer

HERDER

FREIBURG · BASEL · WIEN

Gedruckt auf umweltfreundlichem,
chlorfrei gebleichtem Papier

Originalausgabe

www.herder.de
Satz: Dtp-Satzservice Peter Huber, Freiburg
Druck und Bindung:
CPI Moravia Books, Pohorelice 2006
Umschlaggestaltung und Konzeption:
R·M·E München / Roland Eschlbeck, Julia Wolf
ISBN-13: 978-3-451-05794-6
ISBN-10: 3-451-05794-8

Inhalt

Das Auge der Welt. Vorwort

Für Marina, wegen der Tiere

Was die Leute so das Schicksal nennen,
sind meistens nur ihre eigenen dummen Streiche.

Arthur Schopenhauer

Wer sucht nicht nach Ruhe und Sammlung, wer ginge nicht gerne gelassen durchs Leben? Aber was könnte das ausgerechnet mit Arthur Schopenhauer zu tun haben? Betrachtet man heute Fotos des Philosophen, so denkt man an alles Mögliche, aber sicher nicht an die ruhige Gelassenheit eines entspannten Lebenskünstlers: Sein Schädel ist kantig, der Ausdruck ernst, der Blick fest. Dieser Mann stammt ganz offensichtlich aus dem allgemein eher unheiteren 19. Jahrhundert der immer noch steifen Kragen und schon deutlich umwölkten Stirnen. Nein, heiter ist anders, scheint es. Aber man kann sich irren.

Unser Bild von Arthur Schopenhauer stammt aus der Zeit, als die Fotografie noch eine junge Kunst war. Die bekannteste Aufnahme entstand 1859 und zeigt einen betagten Mann mit weißem, etwas zerzausten Haar. Sein fest geschlossener Mund wirkt skeptisch, fast bitter; mit seinem Samtkragen sieht der Alte würdig aus, aber auch etwas starr. Seine Anspannung ist mit Händen zu greifen: Er weiß, dass hier ein Bild für die Nachwelt entsteht, er weiß, wie er blicken muss, um mindestens so olympisch und genialisch zu wirken wie der alte Goethe. Das ist er seinem Image schuldig. Über ein Porträt, das zuvor der Maler Angilbert Goebel von ihm angefertigt hat, sagt er, mit einigem Recht: „Ich sehe darauf aus wie ein alter Frosch." Der Philosophenkaiser Schopenhauer ist eitel, aber er hat auch Humor – wozu gehört, dass er ihn sorgfältig zu verbergen weiß. Die Ironie dieser Bilder jedenfalls liegt darin, dass sie in die Irre führen. Sie zeigen – ob nun als Frosch oder als Genie – einen alten Mann. Doch Arthur Schopenhauer ist ein junger Philosoph.

Tatsächlich kommt *Die Welt als Wille und Vorstellung*, sein Hauptwerk, schon 1818 heraus; da ist der Verfasser gerade 30 geworden, ein freier, wilder Autor, unabhängig, ungestüm, polemisch. In den nächsten vier Jahrzehnten folgen ein paar Aufsätze, wenige Bücher, Überarbeitungen, Erweiterungen, eine Übersetzung. Bis in die späten Jahre, auch in den nachgelassenen Manuskripten, bleibt Schopenhauer ein Philosoph des Aufbruchs, auch wenn er über das Ende des Lebens schreibt.

Sein Publikum findet er erst spät. Schon ein halbes Jahr nach dem Erscheinen von *Die Welt als Wille und Vorstellung* dichtet er auf seiner italienischen Reise seine „unverschämten Verse" an die Mitwelt. Darin heißt es:

„Mögt euch drum immer wie ihr wollt gebärden:
Des Werkes Leben könnt ihr nicht gefährden.
Aufhalten könnt ihr's, nimmermehr vernichten:
Ein Denkmal wird die Nachwelt mir errichten."

Damit sollte er recht behalten. Wer die Nachwelt erobern will, diese „stolze, spröde Schöne, die sich nur dem Würdigen, dem Sieger, dem seltenen Helden hingibt“, bezahlt dafür, weiß er, mit dem „Verlust des Beifalls der Mitwelt“. Bis ins Alter hinein entrichtet er diesen Preis. Er versteht ihn, ganz selbstbewusst, als Anzahlung auf den zukünftigen Lorbeer. Die Rechnung geht auf.

Schopenhauer ist noch Zeitgenosse der Aufklärung. Immanuel Kants „Ding an sich“, das vor aller Anschauung existiert, begreift er neu als „Willen“, als elementaren Lebenstrieb jeder Kreatur. Schopenhauer sieht sich, in totaler Opposition zum Idealismus seiner Epoche, als Erfüller und Überwinder Kants. Für die philosophischen Stars und Sternchen hat er nur Häme übrig; Fichte und Schelling sind ihm zuwider, Hegel zeiht er des „baren Unsinns“, des „Zusammenschmierens sinnleerer, rasender Wortgeflechte, wie man sie bis dahin nur in Tollhäusern vernommen hatte“.

Er will es wissen: Als junger Dozent an der Berliner Universität legt er seine Veranstaltung auf den Termin, an dem Hegel seine Vorlesung hält. Natürlich bleiben ihm die Studenten weg. Schon früh gewöhnt er sich an die Einsamkeit; für Jahrzehnte bleibt er unverstanden und isoliert: „Ich bin“, notiert er, „der Kaspar Hauser der Philosophieprofessoren“. Dann, sehr spät, setzt die Wirkung ein.

Sein Einfluss kann kaum überschätzt werden. Er prägt Nietzsche, Wagner, Thomas Mann und Samuel

Beckett, sein „Wille“ wird zu einer tragenden Säule unseres psychologischen Menschenbildes. Was ist Freuds „Lebenstrieb“ anderes als eine Antwort auf den Willen zum Leben? „Selbst im kleinsten Insekt ist der Wille vollkommen und ganz vorhanden“, sagt Schopenhauer, „es will, was es will, so entschieden und vollkommen wie der Mensch.“

Der Schriftsteller Schopenhauer ist Psychologe und Anthropologe; er denkt über den ganzen Menschen nach, über ein getriebenes, denkendes, suchendes und fühlendes Wesen. In den wohlgeordneten Archiven der Reflexion, die das kluge 18. Jahrhundert hinterlässt, entfesselt er die mächtige Präsenz des bewegten und bewegenden Lebens. Er flutet die sauberen, trockenen und vom Licht der Aufklärung ausgeleuchteten Wunderkammern des Denkens. Der „Wille“ unterspült das aufgeklärte Menschenbild: Er ist überall, doch er ist keine „Idee“, er kommt nicht von oben, sondern von unten, aus der Sphäre diesseits des Denkens. Der Mensch ist nicht nur Kopf und Seele; durch Schopenhauer erhält er seinen Leib zurück – als Problem, aber auch als die Mitte seiner Existenz.

Schopenhauers philosophische Welt ist voller Farben, Gerüche, Geräusche, Musik. Hier gibt es Eulen, Polypen und Hirschkäfer, Papageien und Füchse, Igel, Pudel und australische Kampfameisen. Berühmt wurden die Stachelschweine, aber auch Seehunde tauchen auf. Sicheres akademisches Terrain sieht anders aus. Schopenhauer fühlt sich als Entdecker. Als einer der ersten westlichen Philosophen liest er, 1813, die *Upanishaden*, die vorbuddhistische Brahmanen-

Lehre aus Indien. Der Sohn eines Danziger Händlers, der ehemalige Kaufmannslehrling aus der Hansestadt Hamburg kennt, wie Generationen von Kaufleuten vor ihm, Asien als den Ursprung wertvoller Gewürze, schöner Stoffe und filigraner Schnitzereien. Nun plötzlich begegnet er einem anderen Osten, einer faszinierenden Schule des Denkens, Meditierens und Begreifens. Gebannt vertieft er sich in die einstmals geheimen Schriften der fernen Kultur. Was er liest, verändert ihn. Er entwirft den Weg zu einer Philosophie des Glücks, zu einer Weisheit aus dem Geist des Verzichts. Hier wurzelt seine Idee von der „Seligkeit des willenlosen Anschauens". Diesen Zustand erreicht niemand durch Streben, Leistung, Aktivität. Nur wer Distanz nimmt, zulässt, nicht handelt, kann ihn erlangen. Schopenhauers Philosophie ist wesentlich ästhetisch, betrachtend, hermeneutisch. Der Philosoph als „Weltauge" versteht und deutet. Abstand und Verzicht weisen die Richtung. Auf den Pfaden des indischen Denkens findet Schopenhauer zu Heiterkeit, Gelassenheit und Freude. Auch davon erzählt er in seinen Schriften. Mit Schopenhauer durchs Leben gehen, das heißt: leicht und gelassen den Alltag bestehen.

Unsere Auswahl gibt diesem für viele unbekannten Schopenhauer, dem staunenden und heiteren Entdecker, Raum: Ein erstes Kapitel gilt der *großen Ordnung der Natur*, dem Willen, der uns mit den Tieren verbindet; wenn wir ihn überwinden, beweisen wir uns als Menschen. In *Ich und die anderen* fragt Schopenhauer, wie wir die „vollkommene Gemütsruhe" erreichen können – ganz allein oder doch in der

Gesellschaft der andern? Der Leib bildet die Basis des Menschen, und Wollust den „Kern aller Dinge“; Schopenhauers philiströse Gedanken über Frauen, Damen und Polygamie stehen unter dem Titel *Lieben, Zeugen, Heiraten.*

Wir alle sind „Kinder der Zeit“ und altern; *Stufen* erkundet die Kindheit wie das Alter und spricht von dem, was danach kommt. In *Jetzt und hier*, dem Exkurs über die Zeit, verteidigt der Philosoph die Gegenwart gegen die Bedrohung durch Vergangenheit und Zukunft; das Heute kommt „nimmer wieder“. *Der Philosoph als Weltauge* handelt von dem einsamen Weg zur Wahrheit und vom manchmal faszinierenden, aber oft auch lästigen Geschäft des Lesens und Schreibens. Das Kapitel *Das gute Leben* zeigt den Schmerz als die erste reale Größe und gibt zugleich Hinweise auf ein glückliches Leben; hier entwickelt Schopenhauer seine große und liebenswürdige Philosophie des Mitleids. Und schließlich deckt er in *Im Licht* auf, wie wir die Zwänge des Willens im Geist der Heiterkeit überwinden können.

Prolog

Nur wer bei dem, was er schreibt, den Stoff zunächst und unmittelbar bloß aus seinem Kopf nimmt, ist wert, dass man ihn liest: aber alle Büchermacher, Kompendienschreiber u. dgl. nehmen den Stoff unmittelbar aus Büchern, aus diesen geht er in die Finger, ohne im Kopf Transitozoll, Visitation oder Bearbeitung zu erfahren. Daher hat ihr Gewäsch oft so wenig Sinn, dass man sich vergeblich den Kopf zerbricht, zu wissen, was sie denn zuletzt denken: Sie denken gar nicht. Das Buch, aus dem sie kopieren, ist meistens ebenso verfasst: es ist also damit wie mit Abdrücken von Abdrücken usf. Der Antinous wird zum kaum kenntlichen Umriss eines Gesichts. Daher soll man Kompilatoren nie lesen, sondern bloß aufschlagen der Zitate wegen: das Übrige ist Arschwisch.[HN3, 15]

Die große Ordnung der Natur

Unser Wesen Tier – Der Leib und sein Ziel – Einfach angemessen – Geheimnis des Willens – Das Wunder Mensch

Ab und an staunt wohl fast jeder Philosoph über die Schönheit der Welt – Arthur Schopenhauer bewahrt sich sein Staunen sein ganzes Leben hindurch. Die Welt hat eine Ordnung, und wir Menschen sind Teil von ihr. Wer seine hymnischen Beschreibungen der belebten Natur liest, muss an dem alten Klischee vom grantelnden Miesepeter und Pessimisten zweifeln. Anekdoten um sein seltsam freundschaftliches Verhältnis zu seinen wechselnden Hunden – allesamt Reinkarnationen des einen idealen Pudels – demonstrieren die heiteren, weltzugewandten Charakterzüge Schopenhauers. Seine Tierliebe aber hat auch eine philosophische Dimension: In der Kreatur zeigt sich die große Macht des Willens in ganzer Reinheit. „Ich muss gestehen", schreibt er, „der Anblick jedes Tiers erfreut mich unmittelbar, und mir geht dabei das Herz auf". Denn im Tier, so erklärt er seine Stimmung, sehen wir „unser eigenes Wesen so sehr vereinfacht vor uns".

Der Blick auf die Tiere führt ins Zentrum von Schopenhauers Denken. Mit ihnen – und sogar mit den Pflanzen – verbindet uns der Wille. Auch wenn vieles Mensch und Tier trennt: „ein Verlangen, Begehren, Wollen, oder Verabscheuen, Fliehen, Nichtwollen ist jedem Bewusstsein eigen: der Mensch hat es mit dem Polypen gemein". Dieser Wille ist der Lebenstrieb, jenes „Ding an sich", das alles Leben bestimmt. „Selbst im kleinsten Insekt ist der Wille vollkommen und ganz vorhanden: Es will, was es will, so entschieden und vollkommen wie der Mensch."

In dieser geheimnisvollen und schönen Ordnung lebt das Tier in einer dichten Folge von Gegenwarten. Anders der Mensch, er kennt Vergangenheit und Zukunft. Will er glücklich werden, muss er die Herrschaft des Willens hinter sich lassen. In seinem Kopf findet sich „die ganze Welt selbst". Poetisch beschwört Schopenhauer das Wunder der Vorstellung. Seine Botschaft ist: Wir können den Willen überwinden und ähnlich ruhig und heiter werden, wie es die Tiere sind. Weil wir aber keine Tiere sind, müssen wir einen Umweg gehen, wenn wir das Paradies der Gelassenheit betreten wollen.

Unser Wesen Tier

Ein Optimist heißt mich die Augen öffnen und sehen, wie schön die Welt ist an Bergen, Pflanzen, Luft, Tieren usf. Diese Dinge sind freilich schön zu *sehn*; aber sie zu *sein* ist ganz etwas andres.
Ist denn die Welt ein Guckkasten? [HN3, 172]

Ich muss es aufrichtig gestehn: der Anblick jedes Tiers erfreut mich unmittelbar, und mir geht dabei das

Herz auf; am meisten der der Hunde und sodann der aller freien Tiere, der Vögel, der Insekten und was es sei.[HN4/2, 8f]

Welchen eigentümlichen Genuss gewährt doch der Anblick jedes freien Tieres, wenn es ungehindert für sich allein sein Wesen treibt, seiner Nahrung nachgeht oder seine Jungen pflegt oder zu anderen seinesgleichen sich gesellt usw. [Es ist] dabei so ganz, was es sein soll und kann. Und sei es nur ein Vögelein, ich kann ihm lange mit Vergnügen zusehn – ja einer Wasserratte, einem Frosch: doch lieber einem Igel, einem Wiesel, einem Reh oder Hirsch! – Dass uns der Anblick der Tiere so sehr ergötzt, beruht hauptsächlich darauf, dass es uns freut, unser eigenes Wesen so sehr vereinfacht vor uns zu sehn.[VG]

Das Tier ist um ebenso viel naiver als der Mensch, wie die Pflanze naiver ist als das Tier. Im Tiere sehen wir den Willen zum Leben gleichsam nackter als im Menschen, wo er mit so vieler Erkenntnis überkleidet und zudem durch die Fähigkeit der Verstellung verhüllt ist, dass sein wahres Wesen fast nur zufällig und stellenweise zum Vorschein kommt. Ganz nackt, aber auch viel schwächer, zeigt er sich in der Pflanze, als bloßer, blinder Drang zum Dasein, ohne Zweck und Ziel.[WV28]

Tiere – bewusste Wesen, welche diese rätselhafte Existenz mit uns teilen.[HN4/2, 35]

Es gibt auf der Welt nur ein lügenhaftes Wesen: es ist der Mensch. Jedes andere ist wahr und aufrichtig, indem es sich unverhohlen gibt als das, was es ist, und sich äußert, wie es sich fühlt. Ein emblematischer oder allegorischer Ausdruck dieses Fundamentalunterschiedes ist, dass alle Tiere in ihrer natürlichen Gestalt umhergehn, was viel beiträgt zu dem so erfreulichen Eindruck ihres Anblicks, bei dem mir, zumal wenn es freie Tiere sind, stets das Herz aufgeht – während der Mensch durch die Kleidung zu einem Fratz, einem Monstrum geworden ist, dessen Anblick schon dadurch widerwärtig ist, und nun gar unterstützt wird durch die ihm nicht natürliche weiße Farbe und durch alle die ekelhaften Folgen widernatürlicher Fleischnahrung, spirituoser Getränke, Tabaks, Ausschweifungen und Krankheiten. Er steht da als ein Schandfleck in der Natur! – Die Griechen beschränkten die Kleidung möglichst, weil sie es fühlten.[VG]

Das Tier empfindet und schaut an; der Mensch denkt überdies und weiß: Beide wollen. Das Tier teilt seine Empfindung und Stimmung mit, durch Gebärde und Laut: der Mensch teilt dem andern Gedanken mit, durch Sprache, oder verbirgt Gedanken, durch Sprache.[WV8]

Das Tier lernt den Tod erst im Tode kennen: der Mensch geht mit Bewusstsein in jeder Stunde seinem Tode näher, und dies macht selbst dem das Leben bisweilen bedenklich, der nicht schon am ganzen Leben selbst diesen Charakter der steten Vernichtung erkannt hat. Hauptsächlich dieserhalb hat der Mensch Philosophien und Religionen: ob jedoch dasjenige, was wir mit Recht an seinem Handeln über alles hochschätzen, das freiwillige Rechttun und der Edelmut der Gesinnung, je die Frucht einer jener beiden gewesen, ist ungewiss.[WV8]

Die abstrakte Erkenntnis allein ist also ein Wissen; dieses ist daher durch die Vernunft bedingt, und von den Tieren können wir, genau genommen, nicht sagen, dass sie irgendetwas wissen, wiewohl sie die anschauliche Erkenntnis, für diese auch Erinnerung und eben deshalb Phantasie haben, welche überdies ihr Träumen beweist. Bewusstsein legen wir ihnen bei, dessen Begriff folglich, obgleich das Wort von Wissen genommen ist, mit dem des Vorstellens überhaupt, von welcher Art es auch sei, zusammenfällt.[WV10]

Schon am Eingang unserer Betrachtung der Vernunft haben wir im Allgemeinen bemerkt, wie sehr das Tun und der Wandel des Menschen von dem des Tieres sich unterscheidet, und dass dieser Unterschied doch allein als Folge der Anwesenheit abstrakter Begriffe im Bewusstsein anzusehen ist. Der Einfluss dieser auf unser ganzes Dasein ist so durchgreifend und bedeutend, dass er uns zu den Tieren gewissermaßen in das Verhältnis setzt, welches die sehenden Tiere zu den augenlosen (gewisse Larven, Würmer und Zoophyten) haben: Letztere erkennen durch das Getast allein das ihnen im Raum unmittelbar Gegenwärtige, sie Berührende, die Sehenden dagegen einen weiten Kreis von Nahem und Fernem. Ebenso nun beschränkt die Abwesenheit der Vernunft die Tiere auf die ihnen in der Zeit unmittelbar gegenwärtigen anschaulichen Vorstellungen, d. i. realen Objekte: wir hingegen, vermöge der Erkenntnis *in abstracto*, umfassen, neben der engen wirklichen Gegenwart, noch die ganze Vergangenheit und Zukunft, nebst dem weiten Reiche der Möglichkeit: wir übersehen das Leben frei nach allen Seiten, weit hinaus über die Gegenwart und Wirklichkeit. Was also im Raum und für die sinnliche Erkenntnis das Auge ist, das ist gewissermaßen in der Zeit und für die innere Erkenntnis die Vernunft.[WV16]

Die allseitige Übersicht des Lebens im Ganzen, welche der Mensch durch die Vernunft vor dem Tiere voraushat, ist auch zu vergleichen mit einem geometrischen, farblosen, abstrakten, verkleinerten Grundriss seines Lebensweges. Er verhält sich damit zum Tiere wie der Schiffer, welcher mittelst Seekarte, Kompass und Quadrant seine Fahrt und jedesmalige Stelle auf dem Meer genau weiß, zum unkundigen Schiffsvolk, das nur die Wellen und den Himmel sieht. Daher ist es betrachtungswert, ja wunderbar, wie der Mensch, neben seinem Leben *in concreto*, immer noch ein zweites *in abstracto* führt. Im ersten ist er allen Stürmen der Wirklichkeit und dem Einfluss der Gegenwart preisgegeben, muss streben, leiden, sterben wie das Tier. Sein Leben *in abstracto* aber, wie es vor seinem vernünftigen Besinnen steht, ist die stille Abspiegelung des ersten und der Welt, worin er lebt, ist jener eben erwähnte verkleinerte Grundriss.[WV16]

Hierauf beruht die vollkommene Angemessenheit des menschlichen und tierischen Leibes zum menschlichen und tierischen Willen überhaupt, derjenigen ähnlich, aber sie weit übertreffend, die ein absichtlich verfertigtes Werkzeug zum Willen des Verfertigers hat, und dieserhalb erscheinend als Zweckmäßigkeit, d. i. die teleologische Erklärbarkeit des Leibes. Die Teile des Leibes müssen deshalb den Hauptbegehrungen, durch welche der Wille sich manifestiert, vollkommen entsprechen, müssen der sichtbare Ausdruck derselben sein: Zähne, Schlund und Darmkanal sind der objektivierte Hunger, die Genitalien der objektivierte Geschlechtstrieb, die greifenden Hände, die raschen Füße entsprechen dem schon mehr mittelbaren Streben des Willens, welches sie darstellen.[WV20]

Allein dass der Wille auch da wirkt, wo keine Erkenntnis ihn leitet, sehen wir zuallernächst an dem Instinkt und den Kunsttrieben der Tiere. Dass sie Vorstellungen und Erkenntnis haben, kommt hier gar nicht in Betracht, da der Zweck, zu dem sie gerade so hinwirken, als wäre er ein erkanntes Motiv, von ihnen ganz unerkannt bleibt; daher ihr Handeln hier ohne Motiv geschieht, nicht von der Vorstellung geleitet ist und uns zuerst und am deutlichsten zeigt, wie der Wille auch ohne alle Erkenntnis tätig ist. Der einjährige Vogel hat keine Vorstellung von den Eiern, für die er ein Nest baut, die junge Spinne nicht von dem Raube, zu dem sie ein Netz wirkt, noch der Ameisenlöwe von der Ameise, der er zum ersten Male eine Grube gräbt; die Larve des Hirschschröters beißt das Loch im Holze, wo sie ihre Verwandelung bestehen will, noch einmal so groß, wenn sie ein männlicher, als wenn sie ein weiblicher Käfer werden will, im ersten Fall um Platz für Hörner zu haben, von denen sie noch keine Vorstellung hat. In solchem Tun dieser Tiere ist doch offenbar, wie in ihrem übrigen Tun, der Wille tätig: aber er ist in blinder Tätigkeit, die zwar von Erkenntnis begleitet, aber nicht von ihr geleitet ist. Haben wir nun einmal die Einsicht erlangt, dass Vorstellung als Motiv keine notwendige und wesentliche Bedingung der Tätigkeit des Willens ist, so werden wir das Wirken des Willens nun auch leichter in Fällen wiedererkennen, wo es weniger augenfällig ist, und dann z. B. so wenig das Haus der Schnecke einem ihr selbst fremden, aber von Erkenntnis geleiteten Willen zuschreiben, als das Haus, welches wir selbst bauen, durch einen andern Willen als unsern eigenen ins Dasein tritt; sondern wir werden beide Häuser für Werke des in beiden Erscheinungen sich objektivierenden Willens erkennen, der in uns nach Motiven, in der Schnecke aber noch blind als nach außen gerichteter Bildungstrieb wirkt.[WV23]

Die Sorgfalt, mit der fast jedes Insekt eine Zelle oder Grube oder Nest baut, sein Ei hineinlegt, nebst Futter für die im kommenden Frühling daraus hervorgehende Larve, und dann ruhig stirbt, gleicht ganz der Sorgfalt, mit der ein Mensch am Abend sein Frühstück für den kommenden Morgen bereitlegt und dann ruhig schlafen geht; – und könnte im Grunde gar nicht statthaben, wenn nicht an sich und dem innern Wesen nach das im Herbst sterbende Insekt mit dem im Frühjahr auskriechenden ebenso sehr identisch wäre, wie der sich schlafen legende Mensch mit dem aufstehenden.[HN3, 194]

Das Recht des Menschen auf das Leben und die Kräfte der Tiere beruht darauf, dass, weil mit der Steigerung der Klarheit des Bewusstseins das Leiden sich gleichmäßig steigert, der Schmerz, welchen das Tier durch den Tod oder die Arbeit leidet, noch nicht so groß ist wie der, welchen der Mensch durch die bloße Entbehrung des Fleisches oder der Kräfte des Tieres leiden würde, der Mensch daher in der Bejahung seines Daseins bis zur Verneinung des Daseins des Tieres gehen kann und der Wille zum Leben im Ganzen dadurch weniger Leiden trägt, als wenn man es umgekehrt hielte. Dies bestimmt zugleich den Grad des Gebrauchs, den der Mensch ohne Unrecht von den Kräften der Tiere machen darf, welchen man aber oft überschreitet, besonders bei Lasttieren und Jagdhunden; wogegen daher die Tätigkeit der Tier-Schutz-Gesellschaften besonders gerichtet ist. Auch erstreckt jenes Recht, meiner Ansicht nach, sich nicht auf Vivisektionen, zumal der oberen Tiere. Hingegen leidet das Insekt durch seinen Tod noch nicht so viel wie der Mensch durch dessen Stich. – Die Hindu sehen dies nicht ein.[WV66]

Eine vollkommene Kenntnis des Bewusstseins der Tiere müsste möglich sein, sofern wir es durch bloße Wegnahme gewisser Eigenschaften des unserigen konstruieren können. Jedoch greift in dasselbe andererseits der Instinkt ein, welcher in allen Tieren entwickelter als im Menschen ist und in einigen bis zum Kunsttriebe geht.[WV5]

Einfach angemessen

Das Bewusstsein der Tiere ist demnach eine bloße Sukzession von Gegenwarten, deren jede aber nicht vor ihrem Eintritt als Zukunft noch nach ihrem Verschwinden als Vergangenheit dasteht, als welches das Auszeichnende des menschlichen Bewusstseins ist. Daher eben haben die Tiere auch unendlich weniger zu leiden als wir, weil sie keine andern Schmerzen kennen als die, welche die Gegenwart unmittelbar herbeiführt. Die Gegenwart ist aber ausdehnungslos; hingegen Zukunft und Vergangenheit, welche die meisten Ursachen unserer Leiden enthalten, sind weit ausgedehnt, und zu ihrem wirklichen Inhalt kommt noch der bloß mögliche, wodurch dem Wunsch und der Furcht sich ein unabsehbares Feld öffnet: von diesen hingegen ungestört genießen die Tiere jede auch nur erträgliche Gegenwart ruhig und heiter.[WV5]

Sehr beschränkte Menschen mögen ihnen hierin nahe kommen. Ferner können die Leiden, welche rein der Gegenwart angehören, bloß physische sein. Sogar den Tod empfinden eigentlich die Tiere nicht: Erst bei seinem Eintritt könnten sie ihn kennen lernen; aber dann sind sie schon nicht mehr. So ist denn das Leben des Tieres eine fortgesetzte Gegenwart. Es lebt dahin ohne Besinnung und geht stets ganz in der Gegenwart auf: selbst der große Haufen der Menschen lebt mit sehr geringer Besinnung. Eine andere Folge der dargelegten Beschaffenheit des Intellekts der Tiere ist der genaue Zusammenhang ihres Bewusstseins mit ihrer Umgebung. Zwischen dem Tiere und der Außenwelt steht nichts: zwischen uns und dieser stehen aber immer noch unsere Gedanken über dieselbe und machen oft uns ihr, oft sie uns unzugänglich. Nur bei Kindern und sehr rohen Menschen wird diese Vormauer bisweilen so dünn, dass um zu wissen, was in ihnen vorgeht, man nur zu sehen braucht, was um sie vorgeht. Daher auch sind die Tiere weder des Vorsatzes noch der Verstellung fähig: Sie haben nichts im Hinterhalt. In dieser Hinsicht verhält sich der Hund zum Menschen wie ein gläserner zu einem metallenen Becher, und dies trägt viel bei, ihn uns so wert zu machen. Denn es gewährt uns ein großes Ergötzen, alle unsere Neigungen und Affekte, die wir so oft verhehlen, in ihm bloß und bar zu Tage gelegt zu sehen. Überhaupt spielen die Tiere gleichsam stets mit offen hingelegten Karten. Daher sehen wir mit so vielem Vergnügen ihrem Tun und Treiben untereinander zu, sowohl wenn sie derselben wie wenn sie verschiedenen Spezies angehören. Ein gewisses Gepräge von Unschuld charakterisiert dasselbe, im Gegensatz des menschlichen Tuns, als welches, durch den Eintritt der Vernunft, und mit ihr der Besonnenheit, der Unschuld der Natur entrückt ist.[WV5]

Den Menschen ausgenommen, wundert sich kein Wesen über sein eigenes Dasein, sondern ihnen allen versteht dasselbe sich so sehr von selbst, dass sie es nicht bemerken. Aus der Ruhe des Blickes der Tiere spricht noch die Weisheit der Natur, weil in ihnen der Wille und der Intellekt noch nicht weit genug auseinandergetreten sind, um bei ihrem Wiederbegegnen sich übereinander verwundern zu können. So hängt hier die ganze Erscheinung noch fest am Stamme der Natur, dem sie entsprossen, und ist der unbewussten Allwissenheit der großen Mutter teilhaft.[WV 17]

Denn so wundersam verschieden auch die zahllosen Arten der Tiere sein mögen, so fremd uns auch eine neue, noch nie gesehene Gestalt derselben entgegentritt, so nehmen wir doch vorweg das Innerste ihres Wesens mit Sicherheit als wohlbekannt, ja uns völlig vertraut an. Wir wissen nämlich, dass das Tier will, sogar auch, was es will, nämlich Dasein, Wohlsein, Leben und Fortpflanzung: und indem wir hierin Identität mit uns völlig sicher voraussetzen, nehmen wir keinen Anstand, alle Willensaffektionen, die wir an uns selbst kennen, auch ihm unverändert beizulegen, und sprechen ohne Zaudern von seiner Begierde, Abscheu, Furcht, Zorn, Hass, Liebe, Freude, Trauer, Sehnsucht usf. Sobald hingegen Phänomene der bloßen Erkenntnis zur Sprache kommen, geraten wir in Ungewissheit. Dass das Tier begreife, denke, urteile, wisse, wagen wir nicht zu sagen: nur Vorstellungen überhaupt legen wir ihm sicher bei, weil ohne solche sein Wille nicht in jene obigen Bewegungen geraten könnte. Aber hinsichtlich der bestimmten

Erkenntnisweise der Tiere und der genauen Grenzen derselben in einer gegebenen Spezies haben wir nur unbestimmte Begriffe und machen Konjekturen, daher auch unsere Verständigung mit ihnen oft schwierig ist und nur infolge von Erfahrung und Übung künstlich zu Stande kommt. Hier also liegen Unterschiede des Bewusstseins. Hingegen ein Verlangen, Begehren, Wollen, oder Verabscheuen, Fliehen, Nichtwollen ist jedem Bewusstsein eigen: der Mensch hat es mit dem Polypen gemein.[WV19]

Wenn wir die Stufenreihe der Tiere abwärts durchlaufen, sehen wir den Intellekt immer schwächer und unvollkommener werden: aber keineswegs bemerken wir eine entsprechende Degradation des Willens. Vielmehr behält dieser überall sein identisches Wesen und zeigt sich als große Anhänglichkeit am Leben, Sorge für Individuum und Gattung, Egoismus und Rücksichtslosigkeit gegen alle andern, nebst den hieraus entspringenden Affekten. Selbst im kleinsten Insekt ist der Wille vollkommen und ganz vorhanden: Es will, was es will, so entschieden und vollkommen wie der Mensch.[WV19]

Ganz nackt, aber auch viel schwächer, zeigt er sich in der Pflanze, als bloßer, blinder Drang zum Dasein, ohne Zweck und Ziel. Denn diese offenbart ihr ganzes Wesen dem ersten Blick und mit vollkommener Unschuld, die nicht darunter leidet, dass sie die Genitalien, welche bei allen Tieren den verstecktesten Platz erhalten haben, auf ihrem Gipfel zur Schau trägt. Diese Unschuld der Pflanze beruht auf ihrer Erkenntnislosigkeit: Nicht im Wollen, sondern im Wollen mit Erkenntnis liegt die Schuld. Jede Pflanze erzählt nun zunächst von ihrer Heimat, dem Klima derselben und der Natur des Bodens, dem sie entsprossen ist. Daher erkennt selbst der wenig Geübte leicht, ob eine exotische Pflanze der tropischen oder der gemäßigten Zone angehöre und ob sie im Wasser, im Sumpfe, auf Bergen oder auf der Heide wachse. Außerdem aber spricht jede Pflanze noch den speziellen Willen ihrer Gattung aus und sagt etwas, das sich in keiner andern Sprache ausdrücken lässt.[WV28]

Selbst der Verstand der Tiere wird durch die Not bedeutend gesteigert, so dass sie in schwierigen Fällen Dinge leisten, über die wir erstaunen: z. B. fast alle berechnen, dass es sicherer ist, nicht zu fliehen, wann sie sich ungesehen glauben. Daher liegt der Hase still in der Furche des Feldes und lässt den Jäger dicht an sich vorbeigehen, Insekten, wenn sie nicht entrinnen können, stellen sich tot usf. Genauer kann man diesen Einfluss kennen lernen durch die spezielle Selbstbildungsgeschichte des Wolfes, unter dem Sporn der großen Schwierigkeit seiner Stellung im zivilisierten Europa (...) Gleich darauf folgt (...) die hohe Schule des Fuchses, welcher in gleich schwieriger Lage viel geringere Körperkräfte hat, die bei ihm durch größern Verstand ersetzt sind, der aber doch erst durch den beständigen Kampf mit der Not einerseits und der Gefahr andererseits, also unter dem Sporn des Willens, den hohen Grad von Schlauheit erreicht, welcher ihn, besonders im Alter, auszeichnet.[WV19]

Was die Tiere so viel glücklicher als den Menschen sein lässt, ist, dass sie wegen ihres auf die Gegenwart beschränkten Bewusstseins nie über die anschauliche Gegenwart hinaus etwas wünschen oder fürchten können: ist also die Gegenwart heiter oder erträglich, so genießen sie solche ganz ungestört: Das kann der Mensch nicht.

Jedoch scheinen die sehr beschränkten Menschen es beinahe zu können: die Dummen würden vielleicht immer heiter sein, wären sie nicht der Langenweile so sehr unterworfen. Denn die Sorge wird durch ihre Gedankenlosigkeit bald verbannt. Denkende Wesen würden, da sie sich nicht leicht ennuyieren, vielleicht immer heiter sein, wäre nicht die Welt der Gedanken das *medium* und Element der Sorge. [HN 4/1, 103]

Das Geheimnis des Willens

Der Wille ist magisch, Millionen Erscheinungen einer Art kosten ihn nicht mehr als eine: darum zerstöre getrost die Knospe des Baums, Millionen andre sind bereit. – Aber halt! – in jeder Knospe, die du zerstörst, leidet der ganze Wille zum Leben.

Sieh die Gestirne, ermesse ihre Ferne: sie ist unermesslich, erwäge den ganzen Sinn des Worts und nimm ihn als buchstäblich wahr: wie unendlich klein bist du, und wie so gar nichts ist dein Tun und Lassen. – Aber halt! – in deinem Tun und Lassen entscheidet sich der ganze Wille zum Leben, das Einzige, was wahrhaft ist, der Kern aller Welten. – Nur wenn man den Willen als das Ding an sich erkennt, ersieht man die Identität des Allergrößten und Allerkleinsten, maximi et minimi, des Makrokosmos und Mikrokosmos, und vereinigt die beiden widerstrebenden Pole der Erkenntnis. [HN3, 195]

Angemessen darum ist jede Pflanze ihrem Boden und Himmelsstrich, jedes Tier seinem Element und der Beute, die seine Nahrung werden soll, ist auch irgendwie einigermaßen geschützt gegen seinen natürlichen Verfolger; angemessen ist das Auge dem Licht und seiner Brechbarkeit, die Lunge und das Blut der Luft, die Schwimmblase dem Wasser, das Auge des Seehundes dem Wechsel seines Mediums, die wasserhaltigen Zellen im Magen des Kamels der Dürre afrikanischer Wüsten, das Segel des Nautilus dem Winde, der sein Schiffchen treiben soll, und so bis auf die speziellsten und erstaunlichsten äußeren Zweckmäßigkeiten herab. Nun aber ist hiebei von allen Zeitverhältnissen zu abstrahieren, da solche nur die Erscheinung der Idee, nicht diese selbst betreffen können. Demgemäß ist jene Erklärungsart auch rückwärts zu gebrauchen und nicht nur anzunehmen, dass jede Spezies sich nach den vorgefundenen Umständen bequemte, sondern diese in der Zeit vorhergegangenen Umstände selbst ebenso Rücksicht nahmen auf die dereinst noch kommenden Wesen. Denn es ist ja der eine und selbe Wille, der sich in der ganzen Welt objektiviert (…) [WV28]

So sehen wir in der Natur überall Streit, Kampf und Wechsel des Sieges (...) Jede Stufe der Objektivation des Willens macht der andern die Materie, den Raum, die Zeit streitig. Beständig muss die beharrende Materie die Form wechseln, indem, am Leitfaden der Kausalität, mechanische, physische, chemische, organische Erscheinungen, sich gierig zum Hervortreten drängend, einander die Materie entreißen, da jede ihre Idee offenbaren will.[WV27]

Durch die gesamte Natur lässt sich dieser Streit verfolgen, ja sie besteht eben wieder nur durch ihn (...): ist doch dieser Streit selbst nur die Offenbarung der dem Willen wesentlichen Entzweiung mit sich selbst. Die deutlichste Sichtbarkeit erreicht dieser allgemeine Kampf in der Tierwelt, welche die Pflanzenwelt zu ihrer Nahrung hat und in welcher selbst wieder jedes Tier die Beute und Nahrung eines andern wird, d. h. die Materie, in welcher seine Idee sich darstellte, zur Darstellung einer andern abtreten muss, indem jedes Tier sein Dasein nur durch die beständige Aufhebung eines fremden erhalten kann – so dass der Wille zum Leben durchgängig an sich selber zehrt und in verschiedenen Gestalten seine eigene Nahrung ist, bis zuletzt das Menschengeschlecht, weil es alle anderen überwältigt, die Natur für ein Fabrikat zu seinem Gebrauch ansieht, dasselbe Geschlecht jedoch auch, wie wir im vierten Buche finden werden, in sich selbst jenen Kampf, jene Selbstentzweiung des Willens zur furchtbarsten Deutlichkeit offenbart und *homo homini lupus* wird. Inzwischen werden wir denselben

Streit, dieselbe Überwältigung ebenso wohl auf den niedrigen Stufen der Objektität des Willens wiedererkennen.[WV27]

Viele Insekten (besonders die Ichneumoniden) legen ihre Eier auf die Haut, ja in den Leib der Larven anderer Insekten, deren langsame Zerstörung das erste Werk der auskriechenden Brut ist. Der junge Armpolyp, der aus dem alten als ein Zweig herauswächst und sich später von ihm abtrennt, kämpft, während er noch an jenem festsitzt, schon mit ihm um die sich darbietende Beute, so dass einer sie dem andern aus dem Maule reißt (…) In dieser Art liefert aber das grellste Beispiel die Bulldogs-Ameise (*bulldog-ant*) in Australien: nämlich wenn man sie durchschneidet, beginnt ein Kampf zwischen dem Kopf- und dem Schwanzteil: Jener greift diesen mit seinem Gebiss an, und dieser wehrt sich tapfer durch Stechen auf jenen: der Kampf pflegt eine halbe Stunde zu dauern, bis sie sterben oder von anderen Ameisen weggeschleppt werden. Der Vorgang findet jedes Mal statt.[WV27]

An den Ufern des Missouri sieht man bisweilen eine mächtige Eiche von einer riesenhaften wilden Weinrebe am Stamm und allen Ästen so umwunden, gefesselt und geschnürt, dass sie, wie erstickt, verwelken muss. Dasselbe zeigt sich sogar auf den niedrigsten Stufen, z. B. wo durch organische Assimilation Wasser und Kohle in Pflanzensaft oder Pflanze oder Brot in Blut verwandelt wird, und so überall, wo mit Beschränkung der chemischen Kräfte auf eine untergeordnete Wirkungsart animalische Sekretion vor sich geht; dann auch in der unorganischen Natur, wann z. B. anschießende Kristalle sich begegnen, kreuzen und gegenseitig so stören, dass sie nicht die rein auskristallisierte Form zeigen können, wie denn fast jede Druse das Abbild eines solchen Streites des Willens auf jener so niedrigen Stufe seiner Objektivation ist; oder auch wann ein Magnet dem Eisen die Magnetizität aufzwingt, um seine Idee auch hier darzustellen; oder auch wann der Galvanismus die Wahlverwandtschaften überwältigt, die festesten Verbindungen zersetzt, die chemischen Gesetze so sehr aufhebt, dass die Säure eines am negativen Pol zersetzten Salzes zum positiven Pol muss, ohne mit den Alkalien, durch die sie unterwegs geht, sich verbinden oder nur den Lakmus, welchen sie antrifft, röten zu dürfen.[WV27]

Der Wille, als das Ding an sich, ist der gemeinsame Stoff aller Wesen, das durchgängige Element der Dinge: wir haben ihn sonach mit allen und jedem Menschen, ja mit den Tieren und sogar noch weiter abwärts gemein. In ihm, als solchem, sind wir sonach jedem gleich, sofern alles und jedes vom Willen erfüllt ist und davon strotzt. Dagegen ist das, was Wesen über Wesen, Mensch über Mensch erhebt, die Erkenntnis. Deshalb sollten unsere Äußerungen, so viel als möglich, sich auf sie beschränken, und nur sie sollte hervortreten. Denn der Wille als das durchaus Gemeinsame ist eben auch das Gemeine. Demgemäß ist jedes heftige Hervortreten desselben gemein: d. h. es setzt uns herab zu einem bloßen Beispiele und Exemplare der Gattung. Denn wir zeigen alsdann eben nur den Charakter derselben. Gemein daher ist aller Zorn, unbändige Freude, aller Hass, alle Furcht, kurz, jeder Affekt, d. h. jede Bewegung des Willens, wann sie so stark wird, dass sie, im Bewusstsein, das Erkennen entschieden überwiegt und den Menschen mehr als ein wollendes denn als ein erkennendes Wesen erscheinen lässt. Einem solchen Affekte hingegeben, wird das größte Genie dem gemeinsten Erdensohne gleich.[VG]

Wer hingegen schlechthin ungemein, also groß sein will, darf nie die überwiegenden Bewegungen des Willens sein Bewusstsein ganz einnehmen lassen, wie sehr auch er dazu sollizitiert werde. Er muss z. B. die gehässige Gesinnung der andern wahrnehmen können, ohne die seinige dadurch erregt zu fühlen: ja es gibt kein sichereres Merkmal der Größe, als kränkende oder beleidigende Äußerungen unbeachtet hingehn zu lassen, indem man sie, eben wie unzählige andere Irrtümer, der schwachen Erkenntnis des Redenden ohne Weiteres zuschreibt und daher sie bloß wahrnimmt, ohne sie zu empfinden. Hieraus ist auch zu verstehn, was Gracian sagt: „nichts steht einem Manne übler an, als merken zu lassen, dass er ein Mensch sei“ (…)

Dem Gesagten gemäß hat man seinen Willen zu verbergen, eben wie seine Genitalien, obgleich beide die Wurzel unsres Wesens sind, und soll man bloß die Erkenntnis sehn lassen, wie sein Antlitz: bei Strafe gemein zu werden.[VG]

Das Wunder Mensch

O, welches Wunder ich gesehn habe! – In dieser Welt der Dinge und Körper lagen vor mir zwei solche Dinge: beide waren Körper, schwer, regelmäßig geformt, schön anzusehn. Das eine war eine Vase von Jaspis, mit goldenem Rand und Henkeln: das andre war ein Organisches, ein Tier, ein Mensch. – Nachdem ich beide genugsam von außen bewundert, bat ich den Genius, der mich begleitet, nun auch mich in ihr Inneres eindringen zu lassen. Es geschah. In der Vase fand ich nichts vor, als den Drang der Schwere und einige dumpfe Sehnsucht, die sich als chemische Verwandtschaft aussprach.

Als ich aber in das andre Ding gedrungen war – wie soll ich mein Erstaunen aussprechen über das, was ich dort gewahrte! – übertrifft es doch an Unglaublichkeit alle je ersonnenen Märchen und Fabeln. Doch will ich es erzählen, auf die Gefahr hin, keinen Glauben zu finden. In diesem Dinge also, oder vielmehr in dessen oberm Ende, Kopf genannt, welches von außen gesehen ein Ding wie alle andern, im Raum begrenzt, schwer usw. ist, fand ich nichts Geringeres vor als eben – die ganze Welt selbst, mitsamt dem ganzen Raum, in welchem das alles ist, und der ganzen Zeit, in der sich das alles bewegt, nebst allem endlich, was beide füllt, in seiner ganzen Buntscheckigkeit und Zahllosigkeit: ja, was das Tollste ist, mich selbst fand ich darin herumspazierend! – Und dies alles nicht etwa im Bilde, wie in einem Guckkasten, sondern in seiner ganzen Wirklichkeit –

Und so steckt es wirklich und wahrhaftig in diesem Dinge, das nicht größer ist als ein Kohlkopf und welches gelegentlich der Scharfrichter abschlägt mit einem Hieb, wo dann plötzliche Dunkelheit und Nacht jene Welt bedeckt: und sie wäre dann weg, wucherten nicht jene Dinge wie die Pilze, so dass ihrer stets genug sind, die ins Nichts versinkende Welt wieder aufzufangen, so dass sie von ihnen stets, wie ein Ball, im Schweben erhalten wird, als eine allen gemeinsame Vorstellung, deren Gemeinsamkeit sie durch das Wort Objektivität ausdrücken. Mir ward dabei etwa so zu Mute, wie dem Ardschuna, als Krischna sich ihm in seiner wahren Gottgestalt zeigte, mit hunderttausend Armen und Augen und Mäulern usw. usw.[HN4/1, 31]

Wenden wir aber den Blick von unserer eigenen Dürftigkeit und Befangenheit auf diejenigen, welche die Welt überwanden, in denen der Wille, zur vollen Selbsterkenntnis gelangt, sich in allem wiederfand und dann sich selbst frei verneinte und welche dann nur noch seine letzte Spur mit dem Leibe, den sie belebt, verschwinden zu sehen abwarten – so zeigt sich uns, statt des rastlosen Dranges und Treibens, statt des steten Überganges von Wunsch zu Furcht und von Freude zu Leid, statt der nie befriedigten und nie ersterbenden Hoffnung, daraus der Lebenstraum des wollenden Menschen besteht, jener Friede, der höher ist als alle Vernunft, jene gänzliche Meeresstille des Gemüts, jene tiefe Ruhe, unerschütterliche Zuversicht und Heiterkeit, deren bloßer Abglanz im Antlitz, wie ihn Raphael und Correggio dargestellt haben, ein ganzes und sicheres Evangelium ist: Nur die Erkenntnis ist geblieben, der Wille ist verschwunden.[WV71]

Was wäre wünschenswerter wohl
Als ganz zu siegen
Über das leere und so arme Leben,
Was keinen Wunsch uns je erfüllen kann,
Ob Sehnsucht gleich uns auch das Herz zersprengt.
Wie wär' es schön, mit leichtem leisen Schritte
Das wüste Erdenleben zu durchwandeln,
Dass nirgends je der Fuß im Staube hafte,
Das Auge nicht vom Himmel ab sich wende.[HN1, 2]

Ich oder die anderen

Was wir können, was wir sind –
Regeln – Das „highlife“ der Geselligkeit –
Die Stachelschweine

Bleibt man besser allein sein oder tut man sich doch lieber mit anderen zusammen? Wie vor ihm Immanuel Kant denkt auch Schopenhauer über die Frage der ungeselligen Geselligkeit des Menschen nach. Wir sind nicht allein, und doch ist jeder für sich. Dieses scheinbare Paradox glaubt Schopenhauer leicht lösen zu können. Der denkende, reflektierende, fühlende, kurz: der wirkliche Mensch ist alleine. Gesellschaft, Geselligkeit gar, ist unbedingt zu meiden. Hier also zeigt er sich, der bekannte Eigenbrötler, Starrkopf, Hagestolz, als den man Schopenhauer kennt. Aber ist er das wirklich?

Es lohnt sich, genauer hinzuschauen. Auch wenn er die romantische Philosophie ablehnt, wirkt Schopenhauer doch wie ein Kind der Romantik. Sein Denken zielt auf eine Art von Glückseligkeit, obwohl er natürlich die Möglichkeit eines positiven Glücks vehement bestreitet. Skepsis schützt vor Erwartungen, Hoffnungen, Selbstbetrug.

Eigentlich will Schopenhauer nicht weniger als die „vollkommene Gemütsruhe“. Die hält er für durchaus erreichbar. Nur: Wie genau kommt man dahin? Alles beginnt mit Selbsterkenntnis. Als Anthropologe sinniert Schopenhauer über das Erinnern, das Schlafen und das Denken als physiologische Prozesse, und immer sieht er den Menschen als eine Einheit aus Psyche und Physis. Die Idee einer „immateriellen, einfachen, wesentlich und immer denkenden, folglich unermüdlichen Seele, die da im Gehirn bloß logierte und nichts auf der Welt bedürfte", hält er für Unsinn. Der Mensch ist eben auch Leib, und als solcher braucht er dringend seinen Schlaf.

Überhaupt soll der Mensch sich pflegen. Immer wieder fragt sich Schopenhauer, wie eine Diätetik des sorgsamen Umgangs mit uns selber aussehen könnte. Er empfiehlt Techniken: Konzentration, Reflexion, Tagebuchschreiben, Entspannung. Verständlich, dass, wer dies alles befolgt, sich unbehaglich fühlt, wenn er unter Leute geht. Die anderen stören, sie trüben den klaren Blick auf das Selbst. Die Person als gesellschaftliche Seite des Ichs ist uneigentlich, falsch. Gesellschaft ist „highlife", sagt Schopenhauer, das „eigentliche Element" des Menschen ist die Einsamkeit – auch wenn wir einander brauchen wie die Stachelschweine. Offenbar ist es nicht so einfach, den Weg zu sich selbst zu finden.

Was wir können, was wir sind

Wie schwer ist es, sich selbst verstehen zu lernen, deutlich zu erkennen, was man eigentlich und hauptsächlich und vor allem andern will und was folglich für unser Glück das Erste und Wesentlichste ist, sodann, was die erste Stelle nach diesem einnimmt, endlich was die zweite und dritte. Und ohne diese Kenntnis lebt man planlos – ein Schiffer ohne Kompass.[HN3, 56]

Die *Ferne*, welche dem Auge die Gegenstände verkleinert, vergrößert sie dem Gedanken.[HN3, 172]

Der Wahn von einer immateriellen, einfachen, wesentlich und immer denkenden, folglich unermüdlichen Seele, die da im Gehirn bloß logierte und nichts auf der Welt bedürfte, hat gewiss manchen zu unsinnigem Verfahren und Abstumpfung seiner Geisteskräfte verleitet; wie denn z. B. Friedrich der Große ein Mal versucht hat, sich das Schlafen ganz abzugewöhnen.[AL]

Besonders in der Jugend fixiert sich das Ziel unsers Glückes in Gestalt einiger Bilder, die uns vorschweben und oft das halbe, ja das ganze Leben hindurch verharren. Sie sind eigentlich neckende Gespenster: denn haben wir sie erreicht, so zerrinnen sie in nichts, indem wir die Erfahrung machen, dass sie gar nichts von dem, was sie verhießen, leisten. Dieser Art sind einzelne Szenen des häuslichen, bürgerlichen, gesellschaftlichen, ländlichen Lebens, Bilder der Wohnung, Umgebung, der Ehrenzeichen, Respektsbezeugungen usw. usw. *Chaque fou a sa marotte*: auch das Bild der Geliebten gehört oft dahin. Dass es uns so ergehe, ist wohl natürlich: denn das Anschauliche wirkt, weil es das Unmittelbare ist, auch unmittelbarer auf unsern Willen als der Begriff, der abstrakte Gedanke, der bloß das Allgemeine gibt, ohne das Einzelne, welches doch gerade die Realität enthält. Er kann daher nur mittelbar auf unsern Willen wirken. Und doch ist es nur der Begriff, der Wort hält: daher ist es Bildung, nur ihm zu trauen.[AL]

Denn wie die Dunkelheit uns furchtsam macht und uns überall Schreckensgestalten erblicken lässt, so wirkt, ihr analog, die Undeutlichkeit der Gedanken, weil jede Ungewissheit Unsicherheit gebiert: deshalb nehmen des Abends, wann die Abspannung Verstand und Urteilskraft mit einer subjektiven Dunkelheit überzogen hat, der Intellekt müde und toruboumenos ist und den Dingen nicht auf den Grund zu kommen vermag, die Gegenstände unsrer Meditation, wenn sie unsere persönlichen Verhältnisse betreffen, leicht ein gefährliches Ansehn an und werden zu Schreckbildern. Am meisten ist dies der Fall nachts, im Bette, als wo der Geist völlig abgespannt und daher die Urteilskraft ihrem Geschäfte gar nicht mehr gewachsen, die Phantasie aber noch rege ist. Da gibt die Nacht allem und jedem ihren schwarzen Anstrich. Daher sind unsere Gedanken vor dem Einschlafen, oder gar beim nächtlichen Erwachen, meistens fast ebenso arge Verzerrungen und Verkehrungen der Dinge, wie die Träume es sind, und dazu, wenn sie persönliche Angelegenheiten betreffen, gewöhnlich pechschwarz, ja entsetzlich. Am Morgen sind dann alle solche Schreckbilder, so gut wie die Träume, verschwunden: dies bedeutet das spanische

Sprichwort: *noche tinta, blanco el día* (die Nacht ist gefärbt, weiß ist der Tag). Aber auch schon abends, sobald das Licht brennt, sieht der Verstand, wie das Auge, nicht so klar wie bei Tage: daher diese Zeit nicht zur Meditation ernster, zumal unangenehmer Angelegenheiten geeignet ist. Hierzu ist der Morgen die rechte Zeit; wie er es überhaupt zu allen Leistungen, ohne Ausnahme, sowohl den geistigen wie den körperlichen ist. Denn der Morgen ist die Jugend des Tages: Alles ist heiter, frisch und leicht: wir fühlen uns kräftig und haben alle unsere Fähigkeiten zu völliger Disposition. Man soll ihn nicht durch spätes Aufstehn verkürzen, noch auch an unwürdige Beschäftigungen oder Gespräche verschwenden, sondern ihn als die Quintessenz des Lebens betrachten und gewissermaßen heilig halten. Hingegen ist der Abend das Alter des Tages: wir sind abends matt, geschwätzig und leichtsinnig.[AL]

Jeder Tag ist ein kleines Leben, zu welchem das Erwachen die Geburt ist und welches durch den Schlaf, als Tod, beschlossen wird. – So ist denn endlich auch das Einschlafen ein täglicher Tod und jedes Erwachen eine neue Geburt. Ja um es ganz durchzuführen, könnte man die Unbequemlichkeit und Schwierigkeit des Aufstehns als die Geburtsschmerzen betrachten.[AL]

Überhaupt aber hat Gesundheitszustand, Schlaf, Nahrung, Temperatur, Wetter, Umgebung und noch viel anderes Äußerliches auf unsere Stimmung, und diese auf unsere Gedanken, einen mächtigen Einfluss. Daher ist, wie unsere Ansicht einer Angelegenheit, so auch unsere Fähigkeit zu einer Leistung so sehr der Zeit und selbst dem Orte unterworfen.[AL]

Die Langeweile, das Leere, Öde, das uns bisweilen in der Einsamkeit überfällt (und nichtigen Menschen die Einsamkeit zum größten Übel macht, während sie Geistreichen immer in gewissem Maß verträglich ist, so dass das Ertragenkönnen und Lieben der Einsamkeit ein bis auf einige Störung durch die Individualität richtiges Maß unseres intellektuellen Werts ist), ist nichts weiter als die dem Leben (d. i. dem im Verstand und Sinnlichkeit befangenen Bewusstsein) wesentliche und ursprüngliche eigne Nichtigkeit, Jammer und Erbärmlichkeit, in ihrer Nacktheit und Wahrheit. Die Arbeit, Not, Mühe des Lebens sind Vorhänge, welche uns sonst jene Leere verbergen: wir strengen uns unablässig an, um solche wegzuschaffen, überzeugt, dahinter stecke das Eldorado und sie nur seien uns im Wege. Sind sie weggeschafft, so zeigt sich uns die Basis des Lebens, der dürre Sand, auf dem alles ruht, die unverhüllte Leere, das Nichts ohne weitere Entschuldigung.[HN1, 73]

Wir gleichen dem Affen, der nach zwanzig abgewickelten Papieren einen Stein gefunden hat. Nun schaffen wir, nach Wegräumung der ursprünglichen, neue künstliche Vorhänge an, drapieren sie so perplex als möglich, dass man immer viel Beschäftigung finde, ehe man zum Leeren durchdringe: mit diesen Vorhängen meine ich die Belustigungen und Zerstreuungen aller und jeder Art. Aber sie sind eine dürftige Hülle: wer sie braucht, weiß schon, dass dahinter so wenig als davor steckt; die Leere schimmert immer durch.[HN1, 73]

Aller Eigensinn beruht darauf, dass der Wille sich an die Stelle der Erkenntnis gedrängt hat.[VG]

Die Vernunft verdient auch ein Prophet zu heißen: hält sie uns doch das Zukünftige vor, nämlich als dereinstige Folge und Wirkung unsers gegenwärtigen Tuns. Dadurch eben ist sie geeignet, uns im Zaum zu halten, wann Begierden der Wollust oder Aufwallungen des Zorns oder Gelüste der Habsucht uns verleiten wollen zu dem, was künftig bereut werden müsste.[VG]

Welche Kräfte zum Leiden und Tun jeder in sich trägt, weiß er nicht, bis ein Anlass sie in Tätigkeit setzt – wie man dem im Teiche ruhenden Wasser mit glattem Spiegel nicht ansieht, mit welchem Toben und Brausen es vom Felsen unversehrt herabzustürzen oder wie hoch es als Springbrunnen sich zu erheben fähig ist, oder auch wie man die im eiskalten Wasser latente Wärme nicht ahndet.[VG]

Man lernt nur dann und wann etwas, aber man vergisst den ganzen Tag. Dabei gleicht unser Gedächtnis einem Siebe, das, mit der Zeit und durch den Gebrauch, immer weniger dicht hält, sofern nämlich, je älter wir werden, desto schneller aus dem Gedächtnis, was wir ihm jetzt noch anvertrauen, verschwindet: hingegen bleibt, was in den ersten Zeiten sich festgesetzt hat. Die Erinnerungen eines Alten sind daher umso deutlicher, je weiter sie zurückliegen, und werden es immer weniger, je näher sie der Gegenwart kommen, so dass, wie seine Augen, auch sein Gedächtnis fernsichtig (…) geworden ist.[VG]

Dass bisweilen, scheinbar ohne allen Anlass, längstvergangene Szenen uns plötzlich und lebhaft in die Erinnerung treten, mag, in vielen Fällen, daher kommen, dass ein leichter, nicht zum deutlichen Bewusstsein gelangender Geruch jetzt gerade wie damals von uns gespürt wurde. Denn bekanntlich erwecken Gerüche besonders leicht die Erinnerung (…) Beiläufig gesagt: das Auge ist der Sinn des Verstandes (…), das Ohr der Sinn der Vernunft (…) und der Geruch der Sinn des Gedächtnisses, wie wir hier sehn. Getast und Geschmack sind an den Kontakt gebundene Realisten, ohne ideale Seite.[VG]

Weil Freude und Leid nicht Vorstellungen, sondern Willensaffektionen sind, liegen sie auch nicht im Bereich des Gedächtnisses, und wir vermögen nicht, sie selbst zurückzurufen, als welches hieße, sie erneuern, sondern bloß die Vorstellungen, von denen sie begleitet waren, können wir uns wieder vergegenwärtigen, zumal aber unsrer durch sie damals hervorgerufenen

Äußerungen uns erinnern, um daran, was sie gewesen, zu ermessen. Daher ist unsre Erinnerung der Freuden und Leiden immer unvollkommen, und sie sind, wann vorüber, uns gleichgültig. Vergeblich bleibt es darum, wenn wir bisweilen uns bemühen, die Genüsse oder die Schmerzen der Vergangenheit wieder aufzufrischen: denn das eigentliche Wesen beider liegt im Willen: dieser aber, an sich und als solcher, hat kein Gedächtnis, als welches eine Funktion des Intellekts ist, der, seiner Natur nach, nichts liefert und enthält als bloße Vorstellungen: und die sind hier nicht die Sache. – Seltsam ist es, dass wir in schlimmen Tagen uns die vergangenen glücklichen sehr lebhaft vergegenwärtigen können, hingegen in guten Tagen die schlimmen nur sehr unvollkommen und kalt.[VG]

Zu den Eigentümlichkeiten des Gedächtnisses gehört auch, dass ein leichter Rausch die Erinnerung vergangener Zeiten und Szenen oft sehr erhöht, so dass man alle Umstände derselben sich vollkommener zurückruft, als man es im nüchternen Zustande gekonnt hätte: hingegen ist die Erinnerung dessen, was man während des Rausches selbst gesagt oder getan hat, unvollkommener als sonst, ja nach einem starken Rausche gar nicht vorhanden. Der Rausch erhöht also die Erinnerung, liefert ihr hingegen wenig Stoff.[VG]

Das Delirium verfälscht die Anschauung, der Wahnsinn die Gedanken.[VG]

Wie der Arbeiter, welcher ein Gebäude aufführen hilft, den Plan des Ganzen entweder nicht kennt oder doch nicht immer gegenwärtig hat, so verhält der Mensch, indem er die einzelnen Tage und Stunden seines Lebens abspinnt, sich zum Ganzen seines Lebenslaufes und des Charakters desselben. Je würdiger, bedeutender, planvoller und individueller dieser ist, desto mehr ist es nötig und wohltätig, dass der verkleinerte Grundriss desselben, der Plan, ihm bisweilen vor die Augen komme. Freilich gehört auch dazu, dass er einen kleinen Anfang in dem *gnoti sauton* gemacht habe, also wisse, was er eigentlich, hauptsächlich und vor allem andern will, was also für sein Glück das Wesentlichste ist, sodann was die zweite und dritte Stelle nach diesem einnimmt, wie auch, dass er erkenne, welches, im Ganzen, sein Beruf, seine Rolle und sein Verhältnis zur Welt sei. Ist nun dieses bedeutender und grandioser Art, so wird der Anblick des Planes seines Lebens im verjüngten Maßstabe ihn mehr als irgendetwas stärken, aufrichten, erheben, zur Tätigkeit ermuntern und von Abwegen zurückhalten.[AL]

Überhaupt aber kann jeder im vollkommensten Einklange nur mit sich selbst stehn – nicht mit seinem Freunde, nicht mit seiner Geliebten: denn die Unterschiede der Individualität und Stimmung führen allemal eine – wenn auch geringe – Dissonanz herbei. Daher ist der wahre, tiefe Friede des Herzens und die vollkommene Gemütsruhe allein in der Einsamkeit zu finden.[AL]

Gar manches, was der Macht der Gewohnheit zugeschrieben wird, beruht vielmehr auf der Konstanz und Unveränderlichkeit des ursprünglichen und angeborenen Charakters, infolge welcher wir, unter gleichen Umständen, stets dasselbe tun, welches daher mit gleicher Notwendigkeit das erste wie das hundertste Mal geschah. – Die wirkliche Macht der Gewohnheit hingegen beruht eigentlich auf der Trägheit, welche dem Intellekt und dem Willen die Arbeit, Schwierigkeit, auch die Gefahr einer frischen Wahl ersparen will und daher uns heute tun lässt, was wir schon gestern und hundert Mal getan haben und wovon wir wissen, dass es zu seinem Zwecke führt.

Die Wahrheit dieser Sache liegt aber tiefer: denn sie ist in einem eigentlicheren Sinne zu verstehn, als es auf den ersten Blick scheint. Was nämlich für die Körper, sofern sie bloß durch mechanische Ursachen bewegt werden, die Kraft der Trägheit ist, eben das ist für die Körper, welche durch Motive bewegt werden, die Macht der Gewohnheit.[VG]

Sonett (Weimar 1808)

Die lange Winternacht will nimmer enden;
Als käm' sie nimmermehr, die Sonne weilet;
Der Sturm mit Eulen um die Wette heulet;
Die Waffen klirren, an den morschen Wänden.

Und off'ne Gräber ihre Geister senden:
Sie wollen, um mich her im Kreis verteilet,
Die Seele schrecken, dass sie nimmer heilet –
Doch will ich nicht auf sie die Blicke wenden.

Den Tag, den Tag, ich will ihn laut verkünden!
Nacht und Gespenster werden vor ihm fliehen:
Gemeldet ist er schon vom Morgensterne.

Bald wird es licht, auch in den tiefsten Gründen:
Die Welt wird Glanz und Farbe überziehen,
Ein tiefes Blau die unbegrenzte Ferne.[PP]

Regeln

Geistige Beängstigung verursacht Herzklopfen, und Herzklopfen geistige Beängstigung. Gram, Sorge, Unruhe des Gemüts wirken hemmend und erschwerend auf den Lebensprozess und die Getriebe des Organismus, sei es auf den Blutumlauf oder auf die Sekretionen oder auf die Verdauung: sind nun umgekehrt diese Getriebe, sei es im Herzen oder in den Gedärmen oder in der *vena portarum* oder in den Samenbläschen oder wo noch sonst durch physische Ursachen gehemmt, obstruiert oder anderweitig gestört, so entsteht Gemütsunruhe, Besorgnis, Grillenfängerei und Gram ohne Gegenstand, also der Zustand, den man Hypochondrie nennt. Ebenso, noch ferner, macht Zorn schreien, stark auftreten und heftig gestikulieren: eben diese körperlichen Äußerungen aber vermehren ihrerseits den Zorn oder fachen ihn beim geringsten Anlass an.[VG]

Daher also sollen wir die Dinge, welche unser Wohl und Wehe betreffen, bloß mit dem Auge der Vernunft und der Urteilskraft betrachten, folglich in trockener und kalter Überlegung, mit bloßen Begriffen und *in abstracto* operieren. Die Phantasie soll dabei aus dem Spiele bleiben: denn urteilen kann sie nicht, sondern bringt bloße Bilder vor die Augen, welche das Gemüt unnützer- und oft sehr peinlicherweise bewegen. Am strengsten sollte diese Regel abends beobachtet werden.[AL]

Zur anempfohlenen Zügelung der Phantasie gehört auch noch, dass wir ihr nicht gestatten, ehemals erlittenes Unrecht, Schaden, Verlust, Beleidigungen, Zurücksetzungen, Kränkungen u. dgl. uns wieder zu vergegenwärtigen und auszumalen; weil wir dadurch den längst schlummernden Unwillen, Zorn und alle gehässigen Leidenschaften wieder aufregen, wodurch unser Gemüt verunreinigt wird. Denn, nach einem schönen, vom Neuplatoniker Proklos beigebrachten Gleichnis, ist, wie in jeder Stadt, neben den Edelen und Ausgezeichneten, auch der Pöbel jeder Art (...) wohnt, so in jedem, auch dem edelsten und erhabensten Menschen das ganz Niedrige und Gemeine der menschlichen, ja tierischen Natur, der Anlage nach, vorhanden. Dieser Pöbel darf nicht zum Tumult aufgeregt werden, noch darf er aus den Fenstern schauen; da er sich hässlich ausnimmt: die bezeichneten Phantasiestücke sind aber die Demagogen desselben.[AL]

Der Muskel wird durch starken Gebrauch gestärkt, der Nerv hingegen dadurch geschwächt. Also übe man seine Muskeln durch jede angemessene Anstrengung, hüte hingegen die Nerven vor jeder – also die Augen vor zu hellem, besonders reflektiertem Lichte, vor jeder Anstrengung in der Dämmerung, wie auch vor anhaltendem Betrachten zu kleiner Gegenstände, ebenso die Ohren vor zu starkem Geräusch, vorzüglich aber das Gehirn vor gezwungener, zu anhaltender oder unzeitiger Anstrengung: demnach lasse man es ruhen während der Verdauung, weil dann eben dieselbe Lebenskraft, welche im Gehirn Gedanken bildet, im Magen und den Eingeweiden angestrengt arbeitet, Chymus und Chylus zu bereiten; ebenfalls während oder auch nach bedeutender Muskelanstrengung.[AL]

Besonders aber gebe man dem Gehirn das zu seiner Refektion nötige volle Maß des Schlafes, welches umso größer sein wird, je entwickelter und tätiger das Gehirn ist, welches jedoch zu überschreiten bloßer Zeitverlust wäre, weil dann der Schlaf an Intension verliert, was er an Extension gewinnt; und überhaupt begreife man wohl, dass unser Denken nichts anderes ist als die organische Funktion des Gehirns und sonach jeder andern organischen Tätigkeit in Hinsicht auf Anstrengung und Ruhe sich analog verhält: wie übermäßige Anstrengung die Augen verdirbt, ebenso das Gehirn. Mit Recht ist gesagt worden: Das Gehirn denkt, wie der Magen verdaut.[AL]

Man soll sich gewöhnen, seine Geisteskräfte durchaus als physiologische Funktionen zu betrachten, um danach sie zu behandeln, zu schonen, anzustrengen usw. und zu bedenken, dass jedes körperliche Leiden, Beschwerde, Unordnung, in welchem Teil es auch sei, den Geist affiziert.[AL]

Man muss seine Phantasie im Zügel halten in allen Dingen, die unser Wohl und Weh, unser Hoffen und Fürchten betreffen. Malt man sich in der Phantasie mögliche Glücksfälle und ihre Folgen aus, so macht man sich die Wirklichkeit noch ungenießbarer, man baut Luftschlösser und muss sie nachher durch die Enttäuschung teuer bezahlen. Aber noch schlimmere Folgen kann das Ausmalen möglicher Unglücksfälle haben: es kann, wie Gracian sagt, die Phantasie zu unserm häuslichen Henker machen. Wenn man nämlich das Thema zu schwarzen Phantasien ganz aus der Ferne nähme und aus freien Stücken wählte, so könnte es nicht schaden: denn beim Erwachen aus dem Traume wüssten wir gleich, dass es alles rein ersonnen sei, und es enthielte eine Warnung gegen entfernte, aber doch mögliche Unglücksfälle. Allein mit solchen pflegt unsre Phantasie sich nicht zu beschäftigen, so nützlich es auch sein könnte: ganz müßigerweise baut sie bloß heitere Luftschlösser. Hingegen wenn irgendein Unglück uns wirklich schon bedroht, so ist oft die Phantasie beschäftigt, es auszumalen, wobei sie es stets vergrößert, es näher bringt und noch fürchterlicher macht, als es ist. Einen solchen Traum können wir nun nicht beim Erwachen abschütteln wie den heitern: diesen widerlegt die Wirklichkeit sogleich, und was daran noch Mögliches sein sollte, überlassen wir dem Schicksal. Nicht so beim Erwachen aus finstern Phantasien: uns fehlt der Maßstab des Grades der Möglichkeit der Sache: wir haben sie uns nahe gebracht, sie stehn vor uns, ihre Möglichkeit im Allgemeinen ist gewiss, diese wird uns zu Wahrscheinlichkeit, und wir leiden große Angst. [HN3, 272]

Es kommt daher, im Guten wie im Schlimmen, unendlich weniger darauf an, was einem im Leben begegnet und widerfährt, als darauf, wie er es empfindet, auf die Art und den Grad seiner Empfänglichkeit in jeder Art. Mit Unrecht beneidet oft einer den andern um manche interessante Begebenheiten seines Lebens: statt dass er ihn um die Empfänglichkeit beneiden sollte, vermöge welcher jene Begebenheiten in seiner Beschreibung so interessant erscheinen. Dieselbe Begebenheit, die einem Genie begegnend höchst interessant ist, wäre einem schalen Kopfe eine schale Szene aus der Alltagswelt geworden. (...) Wir sollten daher weniger auf den Besitz äußerer Güter bedacht sein als auf die Erhaltung eines heitern und glücklichen Temperaments und eines gesunden Sinnes, die großenteils von der Gesundheit abhängen: *mens sana in corpore sano.* [HN3, 597]

Die Befriedigung der natürlichen Bedürfnisse, sogar des Geschlechtstriebs, ist nur die Ausführung in der Zeit jenes Willens, von dem der Leib, in seiner Form und Zweckmäßigkeit, die Erscheinung im Raum ist;

jene Befriedigung ist also nur in der Darstellungsweise vom Leibe selbst verschieden. Sie ist die *Bejahung des Leibs.* Asketik ist die Verneinung des Leibs: z. B. die Genitalien sind da und gesund: und doch wird keine Wollust gewollt. Die bloße Bejahung des Leibs ist kein Unrecht. Die vielen Leiber nebeneinander werden (in der Regel) jeder durch einen Willen bejaht: und diese Bejahung steht jedem zu, ohne Unrecht und ohne dass ein andrer darüber klagen könne, weil auch sein eigner Wille eine solche Bejahung ist.[HN1, 174]

Geht nun aber irgendeiner in der Bejahung seines Leibes so weit, dass sie zur Verneinung der andern Leiber und der durch solche in die Sichtbarkeit getretenen Willen wird, so nennen wir dies *Unrecht.* Dies geschieht nicht nur, wenn einer den andern frisst (Kannibalismus) oder auch nur, weil er ihm im Wege steht, tötet, sondern auch, sobald einer den andern zwingt, seine Kräfte zur Erhaltung oder Annehmlichkeit jenes zu verwenden: denn meine Kräfte gehören zu meinem Leibe als seine Qualität, ebenso das Produkt dieser Kräfte. Dies ist am krassesten bei der Leibeigenschaft: aber es ist auch schon der Fall bei der durch die Ungleichheit des Eigentums herbeigeführten Einrichtung, dass einer den andern ernährt und für ihn arbeitet, wie der Bauer für den Bürger, wenn nicht dieser es auf eine andre Weise kompensiert, welche Kompensation aber freilich auf eine sehr verwickelte und entfernte Weise geschehen mag. Das reine Nichtstun bei ererbtem Eigentum ist allerdings schon Unrecht. *Unrecht* ist also der Willensakt der Verneinung eines fremden Leibes, d. i. Willens, zur stärkeren Bejahung des eigenen. [HN1, 175]

Um mit vollkommener Besonnenheit zu leben und aus der eigenen Erfahrung alle Belehrung, die sie enthält, herauszuziehn, ist erfordert, dass man oft zurückdenke und was man erlebt, getan, erfahren und dabei empfunden hat, rekapituliere, auch sein ehemaliges Urteil mit seinem gegenwärtigen, seinen Vorsatz und Streben mit dem Erfolg und der Befriedigung durch denselben vergleiche. Dies ist die Repetition des Privatissimums, welches jedem die Erfahrung liest. Auch lässt die eigene Erfahrung sich ansehn als der Text, Nachdenken und Kenntnisse als der Kommentar dazu. Viel Nachdenken und Kenntnisse bei wenig Erfahrung gleicht den Ausgaben, deren Seiten zwei Zeilen Text und vierzig Zeilen Kommentar darbieten. Viel Erfahrung bei wenig Nachdenken und geringen Kenntnissen gleicht den bipontinischen Ausgaben, ohne Noten, welche vieles unverstanden lassen. [AL]

Auf die hier gegebene Anempfehlung zielt auch die Regel des Pythagoras, dass man abends, vor dem Einschlafen, durchmustern solle, was man den Tag über getan hat. Wer im Getümmel der Geschäfte oder Vergnügungen dahinlebt, ohne je seine Vergangenheit zu ruminieren, vielmehr nur immerfort sein Leben abhaspelt, dem geht die klare Besonnenheit verloren:

sein Gemüt wird ein Chaos, und eine gewisse Verworrenheit kommt in seine Gedanken, von welcher alsbald das Abrupte, Fragmentarische, gleichsam Kleingehackte seiner Konversation zeugt. Dies ist umso mehr der Fall, je größer die äußere Unruhe, die Menge der Eindrücke und je geringer die innere Tätigkeit seines Geistes ist.[AL]

Hierher gehört die Bemerkung, dass, nach längerer Zeit und nachdem die Verhältnisse und Umgebungen, welche auf uns einwirkten, vorübergegangen sind, wir nicht vermögen, unsere damals durch sie erregte Stimmung und Empfindung uns zurückzurufen und zu erneuern: wohl aber können wir unserer eigenen, damals von ihnen hervorgerufenen Äußerungen uns erinnern. Diese nun sind das Resultat, der Ausdruck und der Maßstab jener. Daher sollte das Gedächtnis oder das Papier dergleichen aus denkwürdigen Zeitpunkten sorgfältig aufbewahren. Hierzu sind Tagebücher sehr nützlich.[AL]

Das „highlife" der Geselligkeit

Geselligkeit gehört zu den gefährlichen, ja verderblichen Neigungen, da sie uns in Kontakt bringt mit Wesen, deren große Mehrzahl moralisch schlecht und intellektual stumpf oder verkehrt ist. Der Ungesellige ist einer, der ihrer nicht bedarf.[AL]

An sich selber so viel zu haben, dass man der Gesellschaft nicht bedarf, ist schon deshalb ein großes Glück, weil fast alle unsere Leiden aus der Gesellschaft entspringen und die Geistesruhe, welche, nächst der Gesundheit, das wesentlichste Element unsres Glückes ausmacht, durch jede Gesellschaft gefährdet wird und daher ohne ein bedeutendes Maß von Einsamkeit nicht wohl bestehn kann.[AL]

Das kleine Kind erhebt ein Angst- und Jammergeschrei, sobald es nur einige Minuten allein gelassen wird. Dem Knaben ist das Alleinsein eine große Pönitenz. Jünglinge gesellen sich leicht zueinander: nur die edleren und hochgesinnten unter ihnen suchen schon bisweilen die Einsamkeit: jedoch einen ganzen Tag allein zuzubringen wird ihnen noch schwer. Dem Manne hingegen ist dies leicht: er kann schon viel allein sein, und desto mehr, je älter er wird. Der Greis, welcher aus verschwundenen Generationen allein übrig geblieben und dazu den Lebensgenüssen teils entwachsen, teils abgestorben ist, findet an der Einsamkeit sein eigentliches Element.[AL]

Es ist ein schweres Ding, wenn alle, die uns umgeben, andrer Meinung sind als wir und demnach sich benehmen, selbst wenn wir von ihrem Irrtum überzeugt sind, nicht erschüttert zu werden durch sie. Denn das Vorhandene, das Anschauliche wirkt, als leicht übersehbar, stets mit seiner vollen Gewalt: hingegen Gedanken und Gründe verlangen Zeit und Ruhe, um durchdacht zu werden, daher man sich nicht jeden

Augenblick gegenwärtig haben kann. Einem flüchtigen, verfolgten, *incognito* reisenden König muss das unter vier Augen beobachtete Unterwürfigkeitszeremoniell seines vertrauten Begleiters eine fast notwendige Stärkung sein, damit er am Ende nicht sich selbst bezweifle. [HN3, 515]

Kein verkehrterer Weg zum Glück als das Leben in der großen Welt, in Saus und Braus (*highlife*): Denn es bezweckt, unser elendes Dasein in eine Sukzession von Freude, Genuss, Vergnügen zu verwandeln, wobei die Enttäuschung nicht ausbleiben kann – so wenig wie bei der obligaten Begleitung dazu, dem gegenseitigen Einander-Belügen. [AL]

In einer Welt, wo wenigstens fünf Sechstel Schurken oder Narren und Dummköpfe sind, muss für jeden des übrigen Sechstels, und zwar umso mehr, je weiter er von den andern absteht, die Basis seines Lebenssystems Zurückgezogenheit sein, je weiter, desto besser. Die Überzeugung, dass die Welt eine Einöde ist, in der man nicht auf Gesellschaft zu rechnen hat, muss zur Empfindung und habituell werden. Wie die Wände den Blick einengen, der sich wieder ausdehnt, wenn er nur Feld und Flur vor sich hat, so engt die Gesellschaft meinen Geist ein, und die Einsamkeit dehnt ihn wieder aus. Giordano Bruno sagt von dem, der die Wahrheit sucht und erreicht, er werde aus einem vulgären, gewöhnlichen, zivilen und populären Menschen ein Wilder, gleich einem Hirsche oder

Wüstenbewohner, und alle, die hienieden ein höheres Leben hätten genießen wollen, sprächen mit einer Stimme (...) HN4/2, 113f

Ebenso hat Kleist gesagt und Schiller belobt: Ein wahrer Mensch muss fern von Menschen sein. In einer so durchweg gemeinen Welt wird notwendig jedes Ungemeine sich isolieren und hat es auch getan. Je mehr man sich der Gesellschaft der Menschen entschlagen kann, desto besser befindet man sich. Wie der Hungrige ein unessbares oder gar giftiges Kraut stehen lässt, so muss es, wer das Bedürfnis der Gesellschaft fühlt, mit den Menschen, wie sie sind, machen. Ein seltenes und großes Glück ist es daher, an sich selber so viel zu besitzen, dass man nicht durch Überdruss seiner selbst und durch Langeweile getrieben wird, die Gesellschaft der Menschen zu suchen (...) HN4/2, 113f

Man soll die Menschen lieben. Eine schwere Aufgabe! HN4/1, 107

Zunächst erfordert jede Gesellschaft notwendig eine gegenseitige Akkommodation und Temperatur: daher wird sie, je größer, desto fader. Ganz er selbst sein darf jeder nur, solange er allein ist: wer also nicht die Einsamkeit liebt, der liebt auch nicht die Freiheit: denn nur wann man allein ist, ist man frei: Zwang ist der unzertrennliche Gefährte jeder Gesellschaft, und jede fordert Opfer, die umso schwerer fallen, je bedeutender die eigene Individualität ist.[AL] Der so überaus wohltätige Einfluss, den eine zurückgezogene Lebensweise auf unsere Gemütsruhe hat, beruht größtenteils darauf, dass eine solche uns dem fortwährenden Leben vor den Augen anderer, folglich der steten Berücksichtigung ihrer etwaigen Meinung entzieht und dadurch uns uns selber zurückgibt.[AL]

Unbewusst treffend ist der in allen europäischen Sprachen übliche Gebrauch des Wortes Person zur Bezeichnung des menschlichen Individuums: denn *persona* bedeutet eigentlich eine Schauspielermaske, und allerdings zeigt keiner sich, wie er ist, sondern jeder trägt eine Maske und spielt eine Rolle. – Überhaupt ist das ganze gesellschaftliche Leben ein fortwährendes Komödienspielen. Dies macht es gehaltvollen Leuten insipid, während Plattköpfe sich so recht darin gefallen.[VG]

Ferner, je höher einer auf der Rangliste der Natur steht, desto einsamer steht er, und zwar wesentlich und unvermeidlich. Dann aber ist es eine Wohltat für ihn, wenn die physische Einsamkeit der geistigen entspricht: widrigenfalls dringt die häufige Umgebung heterogener Wesen störend, ja feindlich auf ihn ein, raubt ihm sein Selbst und hat nichts als Ersatz dafür zu geben.[AL]

Ja, es sei herausgesagt: so eng auch Freundschaft, Liebe und Ehe Menschen verbinden, ganz ehrlich meint jeder es am Ende doch nur mit sich selbst und höchstens noch mit seinem Kinde. [AL]

Lebt wohl ihr Berg und tiefe tiefe Tal
Ich staunt euch an wohl manches liebe Mal
Wohl manches Mal saht ihr mich einsam wandern
Und ernst und einsam geh ich jetzt zu andern. [HN1, 14]

Die Stachelschweine

Eine Gesellschaft Stachelschweine drängte sich an einem kalten Wintertage recht nahe zusammen, um durch die gegenseitige Wärme sich vor dem Erfrieren zu schützen. Jedoch bald empfanden sie die gegenseitigen Stacheln, welches sie dann wieder voneinander entfernte. Wann nun das Bedürfnis der Erwärmung sie wieder näher zusammenbrachte, wiederholte sich jenes zweite Übel, so dass sie zwischen beiden Leiden hin- und hergeworfen wurden, bis sie eine mäßige Entfernung voneinander herausgefunden hatten, in der sie es am besten aushalten konnten. – So treibt das Bedürfnis der Gesellschaft, aus der Leere und Monotonie des eigenen Innern entsprungen, die Menschen zueinander; aber ihre vielen widerwärtigen Eigenschaften und unerträglichen Fehler stoßen sie wieder voneinander ab. Die mittlere Entfernung, die sie endlich herausfinden und bei welcher ein Beisammensein bestehn kann, ist die Höflichkeit und feine Sitte. Dem, der sich nicht in dieser Entfernung hält, ruft man in England zu: *keep your distance!* – Vermöge derselben wird zwar das Bedürfnis gegenseitiger Erwärmung nur unvollkommen befriedigt, dafür aber der Stich der Stacheln nicht empfunden. – Wer jedoch viel eigene, innere Wärme hat, bleibt lieber aus der Gesellschaft weg, um keine Beschwerde zu geben noch zu empfangen.[VG]

Lieben, Zeugen, Heiraten

Der Kern aller Dinge –
Das Phänomen Frau – Die Dame als Erscheinung –
Lob der Polygamie

Im Zentrum von Schopenhauers Menschenbild steht der Geschlechtstrieb. Alle denken nur an das Eine: Schopenhauer ist wohl der erste Philosoph der Neuzeit, der das klar ausspricht. Die Sexualität ist für ihn der „Brennpunkt des Willens“, die Wollust der „Kern aller Dinge“, und das, was wir Liebe nennen, nichts weiter als eine Funktion der Arterhaltung.

Das wirkt prosaisch, bewahrt aber vor Illusionen. Reichlich blumig wirken dagegen Schopenhauers Schmähungen gegen die Frauen. Er kann sie einfach nicht leiden: „Das niedrig gewachsene, schmalschultrige, breithüftige und kurzbeinige Geschlecht das schöne nennen konnte nur der vom Geschlechtstrieb umnebelte männliche Intellekt: in diesem Triebe nämlich steckt ihre ganze Schönheit.“ Offenbar hat Schopenhauer ein Problem.

Und das nicht nur beim Schreiben. Sein Erfolg bei den Frauen schwankt: Heiratspläne werden verworfen, Liebschaften beendet, zwei uneheliche Kinder sterben früh, das Gerangel mit einer Näherin sorgt für Schlagzeilen. Wirklich leicht tut sich der Philosoph nicht mit den Frauen und die nicht mit ihm. Dafür rächt er sich, am Schreibtisch, mit wilden Männerphantasien: „Der Mann nämlich kann bequem über hundert Kinder im Jahre zeugen, wenn ihm ebenso viele Weiber zu Gebote stehen", visioniert er. Was seinem Ideal des apollinischen, männlichen Helden nicht entspricht, projiziert er auf das andere Geschlecht. Die Denkfigur Frau steht für das prinzipiell Abweichende, „eine Art Mittelstufe zwischen dem Kind und dem Manne, als welcher der eigentliche Mensch ist". Insbesondere führt er einen erbitterten Krieg gegen die „Dame", das „Monstrum europäischer Zivilisation". Sie bekämpft er als das Symbol der bürgerlichen Geselligkeitskultur. Unschwer erkennt man als eigentliches Objekt dieses Hasses seine Mutter, eine der großen Salondamen ihrer Zeit.

Schopenhauers Wirkung in dieser Frage kann gar nicht überschätzt werden. Friedrich Nietzsche und Otto Weininger folgen ihm, und bis heute schreiben gewisse ultrakonservative Männer und, man glaubt es kaum, auch bekannte Publizistinnen von ihm ab. Einige seiner frauenfeindlichen Passagen sollen hier dennoch vorgestellt werden, denn ohne sie würde man Schopenhauers Person und Werk nicht gerecht. Schopenhauer ist eben nicht nur ein sanfter Beinahe-Buddhist und Missionar des Mitleids, sondern ein Raubein. Er wettert gegen das Weib, kann aber von den Frauen nicht genug bekommen; zumindest in der Theorie outet er sich als Polygamisten. Seltsame Seiten eines sonst so großen Denkers!

Caritas und amor, auf dieselbe Person und gegenseitig gerichtet, geben eine glückliche Ehe.[HN4/1, 54]

Die aus dem Geschlechtstrieb entspringenden Kapricen sind ganz analog den Irrlichtern; sie täuschen auf das Lebhafteste: aber folgen wir ihnen, so führen sie uns in den Sumpf und verschwinden.[HN4/2, 26]

Wenn der Wille zum Leben sich bloß darstellte als Trieb zur Selbsterhaltung, so würde dies nur eine Bejahung der individuellen Erscheinung auf die Spanne Zeit ihrer natürlichen Dauer sein. Die Mühen und Sorgen eines solchen Lebens würden nicht groß, mithin das Dasein leicht und heiter ausfallen. Weil hingegen der Wille das Leben schlechthin und auf alle Zeit will, stellt er sich zugleich dar als Geschlechtstrieb, der es auf eine endlose Reihe von Generationen abgesehen hat. Dieser Trieb hebt jene Sorglosigkeit, Heiterkeit und Unschuld, die ein bloß individuelles Dasein begleiten würden, auf, indem er in das Bewusstsein Unruhe und Melancholie, in den Lebenslauf Unfälle, Sorge und Not bringt.[WV45]

Dem allen entspricht die wichtige Rolle, welche das Geschlechtsverhältnis in der Menschenwelt spielt, als wo es eigentlich der unsichtbare Mittelpunkt alles Tuns und Treibens ist und trotz allen ihm übergeworfenen Schleiern überall hervorguckt. Es ist die Ursache des Krieges und der Zweck des Friedens, die Grundlage des Ernstes und das Ziel des Scherzes, die unerschöpfliche Quelle des Witzes, der Schlüssel zu allen Anspielungen und der Sinn aller geheimen Winke, aller unausgesprochenen Anträge und aller verstohlenen Blicke, das tägliche Dichten und Trachten der Jungen und oft auch der Alten, der stündliche Gedanke des Unkeuschen und die gegen seinen Willen stets wiederkehrende Träumerei des Keuschen, der allezeit bereite Stoff zum Scherz, eben nur weil ihm der tiefste Ernst zum Grunde liegt.[WV42]

Das aber ist das Pikante und der Spaß der Welt, dass die Hauptangelegenheit aller Menschen heimlich betrieben und ostensibel möglichst ignoriert wird. In der Tat aber sieht man dieselbe jeden Augenblick sich als den eigentlichen und erblichen Herrn der Welt, aus eigener Machtvollkommenheit, auf den angestammten Thron setzen und von dort herab mit höhnenden Blicken der Anstalten lachen, die man getroffen hat, sie zu bändigen, einzukerkern, wenigstens einzuschränken und wo möglich ganz verdeckt zu halten oder doch so zu bemeistern, dass sie nur als eine ganz untergeordnete Nebenangelegenheit des Lebens zum Vorschein komme.[WV42]

Dies alles aber stimmt damit überein, dass der Geschlechtstrieb der Kern des Willens zum Leben, mithin die Konzentration alles Wollens ist, daher (...)

ich (…) die Genitalien den Brennpunkt des Willens genannt habe. Ja man kann sagen, der Mensch sei konkreter Geschlechtstrieb, da seine Entstehung ein Kopulationsakt und der Wunsch seiner Wünsche ein Kopulationsakt ist und dieser Trieb allein seine ganze Erscheinung perpetuiert und zusammenhält.[WV42]

Der Wille im Menschen hat genau denselben Zweck wie der Wille im Tier: sich nähren und Kinder zeugen. Aber nun, welch einen komplizierten und künstlichen Apparat dazu hat der Mensch, welch künstliche Mittel zum selben Zweck, wie viel Intellekt, Überlegung und feine Abstraktion, die selbst bei den täglichen Verhandlungen des gemeinen Lebens in Anwendung gebracht werden. Und doch wird nur eben dasselbe bezweckt und erreicht wie vom Tier. [HN3, 168]

Der Generationsakt ist eine Handlung, deren alle Menschen überall und zu allen Zeiten sich im Innern schämen und die sie daher so verbergen, dass sie fast lieber auf einem Verbrechen als auf dieser Tat ertappt werden möchten (…) Aber einzig und allein mittelst der fortwährenden Ausübung einer so beschaffenen Handlung ist das Menschengeschlecht da und besteht. Dies alles ist bloße trockne Tatsache: aber ich wüsste nicht, welche stärkere Bestätigung meine Philosophie sowohl im Ganzen als eben in dem so paradoxen die Geschlechtsbefriedigung betreffenden Punkt erhalten könnte. [HN3, 195f]

Wenn man mich frägt, wo denn die intimste Erkenntnis jenes innern Wesens der Welt, jenes Dinges an sich, das ich den *Willen zum Leben* genannt habe, zu erlangen sei oder wo jenes Wesen am deutlichsten ins Bewusstsein tritt oder wo es die reinste Offenbarung seines Selbst erlangt, so muss ich hinweisen auf die *Wollust im Akt der Kopulation*. Das ist es! Das ist das wahre Wesen und der Kern aller Dinge, das Ziel und Zweck alles Daseins. [HN3, 240]

Denn alle Verliebtheit, wie ätherisch sie sich auch gebärden mag, wurzelt allein im Geschlechtstriebe, ja ist durchaus nur ein näher bestimmter, spezialisierter, wohl gar im strengsten Sinn individualisierter Geschlechtstrieb. Wenn man nun, dieses festhaltend, die wichtige Rolle betrachtet, welche die Geschlechtsliebe in allen ihren Abstufungen und Nuancen nicht bloß in Schauspielen und Romanen, sondern auch in der wirklichen Welt spielt, wo sie, nächst der Liebe zum Leben, sich als die stärkste und tätigste aller Triebfedern erweist, die Hälfte der Kräfte und Gedanken des jüngern Teiles der Menschheit fortwährend in Anspruch nimmt, das letzte Ziel fast jedes menschlichen Bestrebens ist, auf die wichtigsten Angelegenheiten nachteiligen Einfluss erlangt, die ernsthaftesten Beschäftigungen zu jeder Stunde unterbricht, bisweilen selbst die größten Köpfe auf eine Weile in Verwirrung setzt, sich nicht scheut, zwischen die Verhandlungen der Staatsmänner und die Forschungen der Gelehrten, störend, mit ihrem Plunder einzutreten, ihre Liebesbriefchen und Haarlöckchen sogar in ministerielle Portefeuilles und philosophische Manuskripte einzuschieben versteht, nicht minder täglich die verworrensten und schlimmsten Händel anzettelt, die wertvollsten Verhältnisse auflöst, die festesten Bande zerreißt, bisweilen Leben oder Gesundheit, bisweilen Reichtum, Rang und Glück zu ihrem Opfer nimmt, ja den sonst Redlichen gewissenlos, den bisher Treuen zum Verräter macht, demnach im Ganzen auftritt als ein feindseliger Dämon, der alles zu verkehren, zu verwirren und umzuwerfen bemüht ist – da wird man veranlasst auszurufen: Wozu der Lärm? Wozu das Drängen, Toben, die Angst und die Not? Es handelt sich ja bloß darum, dass jeder Hans seine Grethe finde: weshalb sollte eine solche Kleinigkeit eine so wichtige Rolle spielen und unaufhörlich Störung und Verwirrung in das wohlgeregelte Menschenleben bringen? [WV44]

Aber dem ernsten Forscher enthüllt allmählich der Geist der Wahrheit die Antwort: Es ist keine Kleinigkeit, warum es sich hier handelt; vielmehr ist die Wichtigkeit der Sache dem Ernst und Eifer des Treibens vollkommen angemessen. Der Endzweck aller Liebeshändel, sie mögen auf dem Soccus oder dem Kothurn gespielt werden, ist wirklich wichtiger als alle andern Zwecke im Menschenleben und daher des tiefen Ernstes, womit jeder ihn verfolgt, völlig wert. Das nämlich, was dadurch entschieden wird, ist nichts Geringeres als die Zusammensetzung der nächsten Generation.[WV44]

Was im individuellen Bewusstsein sich kundgibt als Geschlechtstrieb überhaupt und ohne die Richtung auf ein bestimmtes Individuum des andern Geschlechts, das ist an sich selbst und außer der Erscheinung der Wille zum Leben schlechthin.[WV44]

Die wachsende Zuneigung zweier Liebenden ist eigentlich schon der Lebenswille des neuen Individuums, welches sie zeugen können und möchten; ja schon im Zusammentreffen ihrer sehnsuchtsvollen Blicke entzündet sich sein neues Leben und gibt sich kund als eine künftig harmonische, wohl zusammengesetzte Individualität. Sie fühlen die Sehnsucht nach einer wirklichen Vereinigung und Verschmelzung zu einem einzigen Wesen, um alsdann nur noch als dieses fortzuleben; und diese erhält ihre Erfüllung in dem von ihnen Erzeugten, als in welchem die sich vererbenden Eigenschaften beider, zu einem Wesen verschmolzen und vereinigt, fortleben.[WV44]

Die Liebe des Mannes sinkt merklich von dem Augenblick an, wo sie Befriedigung erhalten hat: fast jedes andere Weib reizt ihn mehr als das, welches er schon besitzt: er sehnt sich nach Abwechselung. Die Liebe des Weibes hingegen steigt von eben jenem Augenblick an. Dies ist eine Folge des Zwecks der Natur, welche auf Erhaltung und daher auf möglichst starke Vermehrung der Gattung gerichtet ist. Der Mann nämlich kann bequem über hundert Kinder im Jahre zeugen, wenn ihm ebenso viele Weiber zu Gebote stehen; das Weib hingegen könnte, mit noch so vielen Männern, doch nur ein Kind im Jahr (von Zwillingsgeburten abgesehen) zur Welt bringen.[WV44]

Es liegt etwas ganz Eigenes in dem tiefen, unbewussten Ernst, mit welchem zwei junge Leute verschiedenen Geschlechts, die sich zum ersten Male sehen, einander betrachten: dem forschenden und durchdringenden Blick, den sie aufeinander werfen, der sorgfältigen Musterung, die alle Züge und Teile ihrer beiderseitigen Personen zu erleiden haben. Dieses Forschen und Prüfen nämlich ist die Meditation des Genius der Gattung über das durch sie beide mögliche Individuum und die Kombination seiner Eigenschaften. Nach dem Resultat derselben fällt der Grad ihres Wohlgefallens aneinander und ihres Begehrens nacheinander aus.[WV44]

Das Phänomen Frau

Je edeler und vollkommener eine Sache ist, desto später und langsamer gelangt sie zur Reife. Der Mann erlangt die Reife seiner Vernunft und Geisteskräfte kaum vor dem achtundzwanzigsten Jahre, das Weib mit dem achtzehnten. Aber es ist auch eine Vernunft danach: eine gar knapp gemessene. Daher bleiben die Weiber ihr Leben lang Kinder, sehn immer nur das Nächste, kleben an der Gegenwart, nehmen den Schein der Dinge für die Sache und ziehn Kleinigkeiten den wichtigsten Angelegenheiten vor. Die

Vernunft nämlich ist es, vermöge deren der Mensch nicht, wie das Tier, bloß in der Gegenwart lebt, sondern Vergangenheit und Zukunft übersieht und bedenkt; woraus dann seine Vorsicht, seine Sorge und häufige Beklommenheit entspringt. Der Vorteile wie der Nachteile, die dies bringt, ist das Weib, infolge seiner schwächern Vernunft, weniger teilhaft: vielmehr ist dasselbe ein geistiger Myops, indem sein intuitiver Verstand in der Nähe scharf sieht, hingegen einen engen Gesichtskreis hat, in welchen das Entfernte nicht fällt, daher eben alles Abwesende, Vergangene, Künftige viel schwächer auf die Weiber wirkt als auf uns, woraus denn auch der bei ihnen viel häufigere und bisweilen an Verrücktheit grenzende Hang zur Verschwendung entspringt.[VG]

Die Weiber denken in ihrem Herzen, die Bestimmung der Männer sei, Geld zu verdienen, die ihrige hingegen, es durchzubringen – wo möglich schon bei Lebzeiten des Mannes, wenigstens aber nach seinem Tode.[VG]

Es ist nicht möglich, die Weiber in den Schranken der Vernunft zu halten anders als durch Furcht; in der Ehe aber ist es nötig, sie in Schranken zu halten, weil man sein Bestes mit ihnen zu teilen hat, und so verliert man am Glück der Liebe, was man an Autorität gewinnt. Daher kommt es denn z. B., dass die Hälfte aller Kapitalverbrechen in England zwischen Ehegatten begangen werden.[HN4/2, 120]

Für die Propagation des Menschengeschlechts zu sorgen, sind von Natur die jungen, starken und schönen Männer berufen, damit das Geschlecht nicht ausarte. Dies ist hierin der feste Wille der Natur, und dessen Ausdruck sind die Leidenschaften der Weiber. Jenes Gesetz geht, an Alter und Kraft, jedem andern vor. Daher wehe dem, der seine Rechte und Interessen so stellt, dass sie demselben im Wege stehn: sie werden, was er auch sage und tue, beim ersten bedeutenden Anlass unbarmherzig zermalmt werden. Denn die geheime, unausgesprochene, ja unbewusste, aber angeborene Moral der Weiber ist: „wir sind berechtigt, die zu hintergehn, welche dadurch, dass sie für uns, das Individuum, spärlich sorgen, ein Recht über die Spezies erlangt zu haben vermeinen. Die Beschaffenheit und folglich das Wohl der Spezies ist, mittelst der nächsten, von uns ausgehenden Generation, in unsere Hände gelegt und unsrer Sorgfalt anvertraut: wir wollen es gewissenhaft verwalten." Aber keineswegs sind die Weiber sich dieses obersten Grundsatzes *in abstracto*, sondern bloß *in concreto* bewusst und haben für denselben keinen andern Ausdruck als, wenn die Gelegenheit kommt, ihre Handlungsweise – bei welcher das Gewissen ihnen meistens mehr Ruhe lässt, als wir vermuten, indem sie, im dunkelsten Grunde ihres Herzens, sich bewusst sind, in der Verletzung ihrer Pflicht gegen das Individuum die gegen die Spezies umso besser erfüllt zu haben, deren Recht unendlich größer ist.[VG]

Zwischen Männern ist von Natur bloß Gleichgültigkeit; aber zwischen Weibern ist schon von Natur Feindschaft.[VG]

Das niedrig gewachsene, schmalschultrige, breithüftige und kurzbeinige Geschlecht das schöne nennen konnte nur der vom Geschlechtstrieb umnebelte männliche Intellekt: in diesem Triebe nämlich steckt ihre ganze Schönheit. Mit mehr Fug könnte man das weibliche Geschlecht das unästhetische nennen. Weder für Musik noch Poesie noch bildende Künste haben sie wirklich und wahrhaftig Sinn und Empfänglichkeit, sondern bloße Äfferei, zum Behuf ihrer Gefallsucht, ist es, wenn sie solche affektieren und vorgeben.[VG]

Die Dame als Erscheinung

Das Weib im Okzident, namentlich was man die „Dame" nennt, befindet sich in einer *fausse position*: denn das Weib, von den Alten mit Recht *sexus sequior* genannt, ist keineswegs geeignet, der Gegenstand unsrer Ehrfurcht und Veneration zu sein und den Kopf höher zu tragen als der Mann und mit ihm gleiche Rechte zu haben. Die Folgen dieser *fausse position* sehn wir genugsam. Es wäre sonach sehr wünschenswert, dass auch in Europa dieser Nr. 2 des menschlichen Geschlechts ihre naturgemäße Stelle wieder angewiesen und dem Damen-Unwesen, über welches nicht nur ganz Asien lacht, sondern Griechenland und Rom ebenso gelacht hätte, ein Ziel gesetzt würde; wovon die Folgen in gesellschaftlicher, bürgerlicher und politischer Hinsicht unberechenbar wohltätig sein würden.[VG]

Wir alle leben, wenigstens eine Zeit lang, meistens aber immer, in Polygamie. Da folglich jeder Mann viele Weiber braucht, ist nichts gerechter, als dass ihm freistehe, ja obliege, für viele Weiber zu sorgen. Dadurch wird auch das Weib auf ihren richtigen und natürlichen Standpunkt als subordiniertes Wesen zurückgeführt, und die Dame, dies Monstrum europäischer Zivilisation und christlich-germanischer Dummheit mit ihren lächerlichen Ansprüchen auf Respekt und Verehrung kommt aus der Welt, und es gibt nur noch Weiber, aber auch keine unglückliche Weiber mehr, von welchen jetzt Europa voll ist.[VG]

Die eigentliche europäische Dame ist ein Wesen, welches gar nicht existieren sollte; sondern Hausfrauen sollte es geben und Mädchen, die es zu werden hoffen und daher nicht zur Arroganz, sondern zur Häuslichkeit und Unterwürfigkeit erzogen werden.[VG]

Lob der Polygamie

In unserm monogamischen Weltteile heißt heiraten seine Rechte halbieren und seine Pflichten verdoppeln. Jedoch als die Gesetze den Weibern gleiche Rechte mit den Männern einräumten, hätten sie ihnen auch eine männliche Vernunft verleihen sollen.

Je mehr hingegen die Rechte und Ehren, welche die Gesetze dem Weibe zuerkennen, das natürliche Verhältnis desselben übersteigen, desto mehr verringern sie die Zahl der Weiber, die wirklich dieser Vergünstigungen teilhaft werden, und nehmen allen übrigen so viel von den naturgemäßen Rechten, als sie jenen darüber gegeben haben. Denn bei der widernatürlich vorteilhaften Stellung, welche die monogamische Einrichtung und die ihr beigegebenen Ehegesetze dem Weibe erteilen, indem sie durchweg das Weib als das volle Äquivalent des Mannes betrachten, was es in keiner Hinsicht ist, tragen kluge und vorsichtige Männer sehr oft Bedenken, ein so großes Opfer zu bringen und auf ein so ungleiches Paktum einzugehn. Während daher bei den polygamischen Völkern jedes Weib Versorgung findet, ist bei den monogamischen die Zahl der verehelichten Frauen beschränkt und bleibt eine Unzahl stützeloser Weiber übrig, die in den höhern Klassen als unnütze, alte Jungfern vegetieren, in den untern aber unangemessen schwerer Arbeit obliegen, oder auch Freudenmädchen werden, die ein so freuden- wie ehrloses Leben führen, unter solchen Umständen aber zur Befriedigung des männlichen Geschlechtes notwendig werden, daher als ein öffentlich anerkannter Stand auftreten, mit dem speziellen Zweck, jene vom Schicksal begünstigten Weiber, welche Männer gefunden haben oder solche hoffen dürfen, vor Verführung zu bewahren. In London allein gibt es deren 80 000. Was sind denn diese anderes als bei der monogamischen Einrichtung auf das Fürchterlichste zu kurz gekommene Weiber, wirkliche Menschenopfer auf dem Altare der Monogamie? VG

Für das weibliche Geschlecht, als ein Ganzes betrachtet, ist demnach die Polygamie eine wirkliche Wohltat. Andrerseits ist vernünftigerweise nicht abzusehn, warum ein Mann, dessen Frau an einer chronischen Krankheit leidet oder unfruchtbar bleibt oder allmählich zu alt für ihn geworden ist, nicht eine zweite dazunehmen sollte. Was den Mormonen so viele Konvertiten wirbt, scheint eben die Beseitigung der widernatürlichen Monogamie zu sein.[VG]

In Hinsicht auf diese Seite unsrer monogamischen Einrichtung ist des Thomasius grundgelehrte Abhandlung *de concubinatu* höchst lesenswert, indem man daraus ersieht, dass unter allen gebildeten Völkern und zu allen Zeiten, bis auf die lutherische Reformation herab, das Konkubinat eine erlaubte, ja in gewissem Grade sogar gesetzlich anerkannte und von keiner Unehre begleitete Einrichtung gewesen ist, welche von dieser Stufe bloß durch die lutherische Reformation herabgestoßen wurde, als welche hierin ein Mittel mehr zur Rechtfertigung der Ehe der Geistlichen erkannte; worauf denn die katholische Seite auch darin nicht hat zurückbleiben dürfen. Über Polygamie ist gar nicht zu streiten, sondern sie ist als eine überall vorhandene Tatsache zu nehmen, deren bloße Regulierung die Aufgabe ist. Wo gibt es denn wirkliche Monogamisten? (…) Die Mormonen haben Recht.[VG]

Stufen

Poesie der Kindheit – Alt sein – Was danach kommt

In der Kindheit entsteht der Kern des bewussten Menschen, „gleichsam die Kategorien“ von Erkenntnis und Erfahrung. Schopenhauers Blick auf den Lebensweg des Menschen spannt den Bogen vom Anfang bis zum Ende. Unverstellte Erfahrung und reine Anschauung machen das Wesen der Kindheit aus, meint er zurückblickend zu erkennen. Seine Notate sprechen von der „Sehnsucht“ nach den frühen Jahren; dabei war seine Kindheit alles andere als „poetisch“. Der Vater ist häufig auf Reisen, die Mutter empfindet das Kind als Einschränkung, der kleine Arthur ist oft alleine. Die Erinnerung formt, was sie zeigt, nach ihren eigenen Gesetzen.

„Vom Standpunkt der Jugend aus ist das Leben eine Unendlichkeit“, notiert Schopenhauer, „vom Standpunkt des Alters aus eine sehr kurze Vergangenheit“. Der starke Vergleich mit dem „Operngucker durchs Objektiv und durchs Okular“ beschreibt anschaulich, wie unterschiedlich das Leben aussieht, von seinem Anfang und von seinem Ende her betrachtet. Zu diesem Leben sind wir verurteilt als „unschuldige Delinquenten“. Den Text unseres Urteils erfahren wir erst durch das Leben selber – ein Gedanke, den später Franz Kafka mit seiner *Strafkolonie* weiterführt zu einem bitteren Ende.

Schopenhauer bricht eine Lanze für das Alter, die entscheidende Lebensphase. Mit den Begierden schwindet die Macht des Willens. Das ist die Chance des alten Menschen. Solange er gesund ist, lebt er frei von Schmerz, in einem Zustand, der dem Glück gleicht. Und dann, am Ende, nimmt der Tod die Welt des Intellekts, den Kosmos der Vorstellung hinweg; was aber bleibt, außerhalb der Zeit, ist der Wille. Er existiert weiter, auch wenn sich das Individuum auflöst. „Was den Tod übersteht, ist nicht das Bewusstsein", schreibt Schopenhauer, „sondern das, wodurch das Bewusstsein hervorgebracht wird: auch ist es kein Leben, sondern das Prinzip des Lebens, das, dessen Erscheinung das Leben ist." Es ist nicht zu Ende; was nach dem Tod kommt, gleicht dem, was vor dem Leben war.

Poesie der Kindheit

Kinder kommen mir bisweilen vor wie unschuldige Delinquenten, die zwar nicht zum Tode, aber zum Leben verurteilt sind, jedoch den Inhalt ihres Urteils noch nicht vernommen haben. [HN3, 308]

Die Erfahrungen und die Bekanntschaften der Kindheit und frühsten Jugend werden die stehenden Typen und Rubriken aller späteren Erkenntnis und Erfahrung, gleichsam die Kategorien derselben, wenn man auch der Sache sich nicht deutlich bewusst ist. [HN3, 549]

An den lebhaften Erinnerungen aus der Kindheit empfinde ich das in mir, was unveränderlich ist und nicht mit der Zeit sich fortbewegt. HN3, 523

Unsre Kinderjahre sind eine fortwährende Poesie. Nämlich das Wesen der Poesie, wie aller Kunst, besteht im rein objektiven, mithin willenlosen Erkennen und dadurch im Auffassen der Idee, d. h. des Wesentlichen und darum allem Verschiedenen Gemeinsamen, im Einzelnen – so dass jedes Einzelne ein Repräsentant der Gattung wird, *ein* Fall für Tausende gilt. Obgleich nun es scheint, dass wir in den Szenen unsrer Kinderjahre stets nur beschäftigt sind mit dem jedesmaligen individuellen Gegenstand oder kleinen Vorfall, und zwar nur sofern er unser momentanes Wollen interessiert, so ist es doch im Grunde anders. Nämlich das Leben in seiner ganzen Bedeutsamkeit steht noch so neu, frisch, ohne Abstumpfung seiner Eindrücke durch Wiederholung vor uns, dass wir, mitten unter unserm kindischen Treiben, stets im Stillen und ohne deutliche Absicht, beschäftigt sind, an den einzelnen Szenen und Vorgängen das Wesen des Lebens selbst, die Grund-Typen seiner Gestalten und Darstellungsweisen aufzufassen: daher die festeste Grundlage unsrer Weltansicht, das Flache oder Tiefe derselben, sich schon in den Kinderjahren bildet und später nur ausgeführt, nicht geändert werden kann. HN3, 38f

Wegen dieser rein objektiven und dadurch poetischen Ansicht, die dem Kindesalter wesentlich ist und dadurch unterstützt wird, dass der Wille noch lange nicht seine volle Energie zeigt, verhalten wir uns als Kinder bei weitem mehr rein erkennend als wollend. Daher auch der ernste, schauende Blick einiger Kinder, welchen Raphael zu seinen Engeln benutzt hat. Eben deshalb sind die Kinderjahre so selig und ist die Erinnerung an sie stets von Sehnsucht begleitet. Dabei ist nun die *Erziehung* immerfort bemüht, uns *Begriffe* beizubringen: aber Begriffe sind nicht das Wesentliche: dieses vielmehr, der *fond* und Gehalt aller unsrer Erkenntnisse, die wahre Substanz derselben, liegt in der anschaulichen Auffassung der Welt: und diese eben kann nur von uns selbst gewonnen, auf keine Weise *beigebracht* werden. Daher hängt unser intellektueller wie unser moralischer Wert in der Hauptsache nicht vom Äußeren ab, sondern geht aus der Tiefe des eignen Wesens hervor.[HN3, 39]

Bei der Erziehung sollte man vor allen Dingen darauf bedacht sein, die Kinder auf eine reine Auffassung der Wirklichkeit zu leiten und sie dahin bringen, dass sie ihre Begriffe stets unmittelbar aus der wirklichen Welt schöpfen und nach der Wirklichkeit bilden, nicht aber sie woanders herholen, aus Büchern, Märchen, Reden andrer, und solche Begriffe nachher schon fertig zur Wirklichkeit hinzubringen, wo sie dann, den Kopf voll Schimären, teils die Wirklichkeit ganz falsch auffassen, teils sie nach jenen Schimären umzumodeln fruchtlos bemüht sind und durch beides auf Irrwege geraten. Denn es ist unglaublich, wie viel

Nachteil früh eingesogene Schimären und daraus entstehende Vorurteile bringen, so dass die Erziehung, die uns später die Welt und das wirkliche Leben geben, hauptsächlich verwandt wird auf Ausmerzung jener.[HN3, 284]

Wenn die Welt erst ehrlich genug geworden sein wird, um Kindern vor dem fünfzehnten Jahr keinen Religionsunterricht zu erteilen, dann wird etwas von ihr zu hoffen sein.[HN3, 523]

Zum Leitstern seiner Bestrebungen soll man nicht *Bilder der Phantasie* nehmen, sondern *Begriffe*. – Meistens geschieht das Umgekehrte. Besonders in der Jugend fixiert sich das Ziel unsers Glücks in Gestalt von einigen Bildern, die uns vorschweben, oft das ganze oder halbe Leben hindurch, und eigentlich neckende Gespenster sind: denn haben wir sie erreicht, so zerrinnen sie in nichts, wir sehn, dass sie gar nichts halten von dem, was sie versprechen: dergleichen sind einzelne Szenen des häuslichen, bürgerlichen, ländlichen Lebens, Bilder der Wohnung, Umgebung etc. etc. *Chaque fou a sa marotte.*[HN3, 514]

Alt sein

Vom Standpunkt der Jugend aus ist das Leben eine Unendlichkeit, vom Standpunkt des Alters aus eine sehr kurze Vergangenheit. Operngucker durchs Objektiv und durchs Okular.[HN3, 625]

Der Charakter der ersten Lebenshälfte ist die stets unerfüllte Sehnsucht nach Glück, der der zweiten die nur zu oft erfüllte Besorgnis vor Unglück: unglücklich sind also beide.

Wenn, als ich jung war, geklingelt oder geklopft wurde, ward ich vergnügt, denn ich dachte, nun käme es. Jetzt, wenn es klopft, erschrecke ich, denn ich denke: „da kommt's!" –

Der Grund der Verschiedenheit ist, dass die Erfahrung uns, wenn wir die zweite Hälfte erreicht haben, belehrt hat, dass alles Glück chimärisch, Unglück aber real sei.[HN3, 58]

Der Jüngling glaubt, die Welt sei gemacht, um genossen zu werden, sei ein Wohnsitz des Glücks, welches nur die verfehlen, denen es an Geschick gebricht zu suchen: hierin bestärken ihn Romane, Gedichte und die Gleisnerei, welche die Welt mit dem äußern Schein durchgängig und überall treibt. Von nun an ist sein Leben eine (mit mehr oder weniger Überlegung angestellte) Jagd nach dem positiven Glück, welches natürlich aus positiven Genüssen bestehn soll. Die Gefahr des Unglücks, der man sich dabei aussetzt, muss übernommen werden, denn auf Erlangung positiven Glücks und Genusses ist das Leben abgesehn. Diese Jagd nach einem Wilde, was gar nicht existiert, führt ihn in der Regel zu dem sehr realen und positiven Unglück.

Dagegen ist der Weg der Lebensweisheit dieser, dass man ausgeht von der Überzeugung, dass alles Glück und Genuss nur negativer Natur sei, der Schmerz und Mangel dagegen realer und positiver

Art. Von nun an ist der ganze Plan des Lebens auf Vermeidung von Schmerz und Entfernung von Mangel gerichtet; und da lässt sich etwas ausrichten, mit einiger Sicherheit aber erst dann, wann der Plan nicht gestört wird durch das Streben nach der Schimäre des positiven Glückes. (...) Der Tor läuft den Genüssen des Lebens nach und sieht sich betrogen: der Weise vermeidet die Übel: es kann ihm missglücken, das ist Schuld des Geschicks, dem keiner widerstehn kann: aber soweit es ihm glückt, ist er nicht betrogen. Denn die Übel, denen er aus dem Wege ging, sind höchst real: und ging er ihnen etwa zu weit aus dem Wege und gab manche Genüsse unnötigerweise auf, so ist nichts davon verloren: denn alle Genüsse sind chimärisch: es wäre klein und lächerlich, über versäumte Genüsse zu trauern. [HN3, 274]

Wir erkennen nicht leicht das Bedeutsame der Vorgänge und Personen in der Gegenwart: erst wenn sie in der Vergangenheit liegen, treten sie, von der Erinnerung, Erzählung, Darstellung gehoben, hervor in ihrer Bedeutsamkeit. [HN4/2, 27]

Wie der Wanderer erst, wann er auf einer Höhe angekommen ist, den zurückgelegten Weg mit allen seinen Wendungen und Krümmungen im Zusammenhange überblickt und erkennt, so erkennen wir erst am Ende einer Periode unsers Lebens, oder gar des ganzen, den wahren Zusammenhang unsrer Taten oder Leistungen und Werke, die genaue Konsequenz und Verkettung, ja auch den Wert derselben. Denn solange wir darin begriffen sind, handeln wir nur immer nach den feststehenden Eigenschaften unsers Charakters unter dem Einfluss der Motive und nach dem Maße unserer Fähigkeiten, also durchweg mit Notwendigkeit, indem wir in jedem Augenblick bloß tun, was uns jetzt eben das Rechte und Angemessene dünkt. Erst der Erfolg zeigt, was dabei herausgekommen, und der Rückblick auf den ganzen Zusammenhang das Wie und Wodurch. Daher eben auch sind wir, während wir die größten Taten vollbringen oder unsterbliche Werke schaffen, uns derselben nicht als solcher bewusst, sondern bloß als des unsern gegenwärtigen Zwecken Angemessenen, unsern dermaligen Absichten Entsprechenden, also jetzt gerade Rechten. Aber erst aus dem Ganzen in seinem Zusammenhange leuchten nachher unser Charakter und unsere Fähigkeiten hervor: und im Einzelnen sehn wir dann oft, wie wir, als wäre es durch Inspiration geschehn, den einzigen richtigen Weg unter tausend Abwegen eingeschlagen haben – von unserm Genius geleitet.[AL]

Die Jugend heißt die glückselige Zeit des Lebens und das Alter die traurige. Das wäre wahr, wenn die Leidenschaften glücklich machten. Von ihnen wird die Jugend stark bewegt und hat davon wenig Lust und viele Pein. Das kühle Alter wird nicht so davon hin- und hergerissen, hat Ruhe und bekommt einen kontemplativen Anstrich; die Erkenntnis ist an sich schmerzlos: je mehr sie allein das Bewusstsein füllt, desto glücklicher ist es. Man halte nur fest, dass alles Glück negativ, der Schmerz positiv ist: da wird das Konto der Leidenschaften bald klar sein. Wo läge denn das Traurige des Alters? In Krankheit und Langerweile. Erstere ist ihm gar nicht wesentlich: gegen Letztere schützt Geist und Gelehrsamkeit. Auch läuft die Zeit im Alter schneller. Die Geisteskräfte nehmen zwar auch ab: aber an sich macht der hohe Grad derselben, das Genie, nicht glücklich. Und um die Langeweile zu bekämpfen, wird genug übrig bleiben, wo viel war. Auch nimmt von einer andern Seite durch Erfahrung, Kenntnisse, Übung, Nachdenken die Einsicht immer noch zu und ersetzt in gewissem Grade die Abnahme der eigentlichen Kräfte des Geistes. Der Verlust der Körperkräfte schadet wenig, wo man sie nicht zum Erwerb braucht. Aber Armut im Alter ist ein Unglück. Ist diese gebannt und die Gesundheit geblieben, so kann das Alter der erträglichste Teil des Lebens sein. [HN3, 554f]

Die Heiterkeit und der Lebensmut unserer Jugend beruht zum Teil darauf, dass wir, bergauf gehend, den Tod nicht sehn, weil er am Fuß der andern Seite des Berges liegt. Haben wir aber den Gipfel überschritten, dann werden wir den Tod, welchen wir bis dahin nur von Hörensagen kannten, wirklich ansichtig, wodurch, da zu derselben Zeit die Lebenskraft zu ebben beginnt, auch der Lebensmut sinkt, so dass jetzt ein trüber Ernst den jugendlichen Übermut verdrängt und auch dem Gesichte sich aufdrückt. [AL]

Mit Unrecht bemitleidet man die Freudenlosigkeit des Alters und beklagt es, weil manche Genüsse ihm versagt sind. Jeder Genuss ist relativ, nämlich ist bloße

Befriedigung, Stillung eines Bedürfnisses: dass mit Aufhebung des Bedürfnisses der Genuss wegfällt, ist so wenig beklagenswert, als dass einer nach Tische nicht mehr essen und nach ausgeschlafener Nacht nicht mehr schlafen kann. (...) Bequemlichkeit und Sicherheit sind die Hauptbedürfnisse des Alters: darum liebt man im Alter vor allem das Geld – als den Ersatz der fehlenden Kräfte. Nächst dem ersetzen die Freuden der Tafel die Freuden der Liebe. An die Stelle des Bedürfnisses zu sehn, zu reisen und zu lernen ist das Bedürfnis zu lehren und zu sprechen getreten. Ein Glück aber ist es, wenn dem Greise die Liebe zum Studium, zur Musik, selbst zum Schauspiel geblieben ist. [HN3, 276]

Das Frische und Lebhafte der fernsten Erinnerungen ist ein Zeichen, dass irgendetwas in uns nicht altert. HN3, 653

Sogar werden, wie im Frühling des Jahres, so auch in dem des Lebens die Tage zuletzt von einer lästigen Länge. Im Herbste beider werden sie kurz, aber heiterer und beständiger.

Wenn das Leben zu Ende geht, weiß man nicht, wo es geblieben ist. Warum nun aber erblickt man im Alter das Leben, welches man hinter sich hat, so kurz? Weil man es für so kurz hält, wie die Erinnerung desselben ist. [AL]

Was danach kommt

Die *Schrecken des Todes* beruhen zum Teil auf der falschen Vorstellung, dass jetzt das Ich verschwinde, aber die Welt bleibe. Die umgekehrte Vorstellung ist die wahre: die Welt verschwindet, aber der innerste Kern des Ich, in dessen Vorstellung sie existiert, bleibt: der Wille. Mit dem Gehirn geht der Intellekt und mit diesem seine bloße Vorstellung, die Welt, unter. Dass in andern Gehirnen nach wie vor eine ähnliche Welt lebt und schwebt, tut nichts zur Sache. [HN3, 516]

Der Tod, subjektiv genommen, besteht eigentlich in dem Augenblick, wo das Bewusstsein schwindet, also wo die Tätigkeit des Gehirns stockt: die darauf folgende Verbreitung dieser Stockung auf alle übrigen Systeme des Organismus ist eigentlich schon eine Begebenheit nach dem Tode und geht uns nichts mehr an. Der Tod betrifft also eigentlich das Bewusstsein: ist das Aufhören desselben. Was nun dieses Schwinden des Bewusstseins sei, kann jeder schon einigermaßen aus dem Einschlafen beurteilen: aber noch besser kennt es, wer je eine Ohnmacht gehabt hat, weil da der Übergang nicht so allmählich ist und keine Träume das Wachen ersetzen, sondern eine tiefe Bewusstlosigkeit hart ans Bewusstsein grenzt. Es ist ein wahrer Spaß. Betreffend den gewaltsamen Tod, so werden selbst tiefe Wunden im ersten Augenblick gar nicht gefühlt; oft entdeckt man sie erst nach einer Weile. Sodann sagen alle, die im Wasser oder Kohlendampf oder durch Hängen das Bewusstsein verloren haben, aus, dass sie keine Pein gefühlt haben. Und nachdem das Bewusstsein auf diese Art ein Mal geendigt hat, warum sollte es wieder angefacht werden und ins Endlose fortbestehn? Sein Inhalt ist, dem größten Teil nach und meistens durchweg, nichts als ein Strom elender, kleiner, irdischer Gedanken. Lasst diese doch endlich beruhigt werden! – Den Willen hingegen ficht kein Tod an: er liegt, als Ding an sich, außer der Zeit.[HN3, 498f]

Wenn ein Individuum *Todesangst* empfindet, so hat man eigentlich das sonderbare, ja zu belächelnde Schauspiel, dass *der Herr der Welten*, der alles mit seinem Wesen erfüllt und durch den allein alles, was ist, Dasein hat, verzagt und unterzugehn befürchtet, zu versinken in den Abgrund des ewigen Nichts; während in der Tat alles von ihm voll ist und es keinen Ort gibt, wo er nicht wäre, kein Wesen, in dem er nicht lebte, da das Dasein nicht ihn trägt, sondern er das Dasein. Dennoch verzagt er im Todesfurcht leidenden Individuo, weil er hier der aus dem *principio individuationis* hervorgehenden Täuschung unterliegt, dass seine Existenz auf die des jetzt bedrohten oder sterbenden Individuums beschränkt sei und mit diesem vernichtet werde. Welches eigentlich nur ein täuschender schwerer Traum des ewigen Weltgeistes, sofern er sich als Wille zum Leben darstellt, ist.[HN3, 53]

Der tiefe Schmerz beim Tode jedes befreundeten Wesens entsteht aus dem Gefühle, dass in jedem Individuo etwas Unaussprechliches, ihm allein Eigenes und daher durchaus Unwiederbringliches liegt. *Omne individuum ineffabile.* Dies gilt selbst vom tierischen Individuo, wo es am lebhaftesten der empfinden wird, welcher zufällig ein geliebtes Tier tödlich verletzt hat und nun seinen Scheideblick empfängt, welches einen herzzerreißenden Schmerz verursacht. [VG]

Das Leben selbst ist ein Meer voller Klippen und Strudel, die der Mensch mit der größten Behutsamkeit und Sorgfalt vermeidet, obwohl er weiß, dass, wenn es ihm auch gelingt, mit aller Anstrengung und Kunst sich durchzuwinden, er eben dadurch mit jedem Schritt dem größten, dem totalen, dem unvermeidlichen und unheilbaren Schiffbruch näher kommt, ja grade auf ihn zusteuert, dem Tode: dieser ist das endliche Ziel der mühseligen Fahrt und schlimmer als alle Klippen, denen man auswich. HN1, 489

Unser ganzes Leben ist ein unausgesetzter Kampf mit Hindernissen, die am Ende den Sieg davontragen. [HN4/1, 101]

Auf Anfragen nach der *Fortdauer nach dem Tode* (im täglichen Umgang) ist zunächst die richtige Antwort: „Nach deinem Tode wirst du sein, was du vor deiner Geburt warst." – Denn sie impliziert, dass es absurd sei, die Art von Existenz, die einen Anfang hatte, ohne Ende zu wollen, und zweitens deutet sie an, dass es wohl zweierlei Existenz und zweierlei Nichts geben möchte. [HN3, 57]

Betrachtet das Insekt vor euren Füßen, den Fisch sorglos im noch offenen Netz, den Frosch, dem seine Trägheit die Flucht verbietet, den Vogel, der den oben schwebenden Falken nicht gewahrt, die Schafe, die ein Tiger eben ins Auge fasst: mit wenig Vorsicht ausgerüstet gehen sie alle arglos unter Gefahren umher, die jeden Augenblick ihr Dasein bedrohen. Die Natur schickt sorglos ihre Kinder ohne Obhut tausend drohenden Zufällen entgegen, weil sie weiß, dass, wenn sie fallen, sie in ihren Schoß zurückfallen, wo nichts verloren gehn kann, dass daher ihr Fall nur ein Scherz ist.

Die gänzliche Sorglosigkeit der Natur für die Erhaltung einer so unendlich künstlichen Maschine, wie ein Tier ist, deutet sicher darauf hin, dass die Zerstörung einer solchen Erscheinung das darin sich manifestierende Wesen im mindesten nicht anficht. HN3, 456

A. Was den Tod übersteht, ist nicht das Bewusstsein, sondern das, wodurch das Bewusstsein hervorgebracht wird: auch ist es kein Leben, sondern das Prinzip des Lebens, das, dessen Erscheinung das Leben ist.

B. Sowenig es mir auch möglich ist, ein *Dasein meines Selbst nach meinem Tode* auch nur der Möglichkeit nach zu begreifen, so ist dieses mir doch nicht unbegreiflicher als die Art und Weise, wie mein jetziges Dasein entstanden und zur Wirklichkeit gekommen ist. Beides liegt im selben Bereich. Fragst du: Wie werde ich nach Zerstörung dieses Leibes zum neuen Dasein gelangen?, so ist die Antwort: Grade so, wie du zu diesem Dasein gelangt bist. HN3, 596

Jetzt und hier

Exkurs über die Zeit

Wir alle sind „Kinder der Zeit“. Man lebt nicht in der Vergangenheit, „und in der Zukunft wird keiner leben, sondern in der Gegenwart allein ist alles Leben“. Mit seiner entschiedenen Apologie der Gegenwart antwortet Schopenhauer auf den existenziellen Skandal, dass alles, was ist, vergeht. Die Feier der Gegenwart ist unsere Chance, der einzige Trost angesichts der Vergänglichkeit. Wer den Tag nicht ehrt, wird ihn verlieren.

Uns bedrohen Vergangenheit und Zukunft; in Gestalt von Reue und Sorge drängen sie in die Gegenwart. Suchen wir also nach der Balance zwischen dem Blick voraus und den Gedanken zurück! Jeder Tag ist ein Unikat, wir müssen wissen, dass der heutige „nur ein Mal kommt und nimmer wieder. Aber wir wähnen, er komme morgen wieder: morgen ist jedoch ein anderer Tag, der auch nur ein Mal kommt.“ Wer dies begreift und zum Maßstab seines Lebens macht, kann sich vor den Gespenstern des Gestern und des Morgen schützen. Denn der Moment ist flüchtig, und die „schlimmen Tage“, dessen ist sich Schopenhauer sicher, die kommen gewiss.

Exkurs über die Zeit

Wenn das zu Zeiten beängstigte Herz sagt: Ich sehe alle Wesen durch die Geburt aus dem Nichts entstehn und diesem nach kurzer Frist durch den Tod wieder anheimfallen. Mein Dasein, jetzt in der Gegenwart, wird bald in ferner Vergangenheit liegen, und ich werde Nichts sein! – so ist die richtige Antwort: Bist du nicht da? Hast du nicht die kostbare Gegenwart, nach der ihr, Kinder der Zeit, alle so heftig trachtet, jetzt inne, wirklich inne? – Und verstehst du, wie du zu ihr gelangt bist? Kennst du die Wege, die dich zu ihr geführt, dass du einsehn könntest, sie würden dir durch den Tod versperrt? – Kann irgendein künftiges Dasein dir unbegreiflicher sein, als dir dein jetziges ist? [HN3, 637]

Ein wichtiger Punkt der Lebensweisheit besteht in dem richtigen Verhältnis, in welchem wir unsere Aufmerksamkeit teils der Gegenwart, teils der Zukunft widmen, damit nicht die eine uns die andere verderbe. Viele leben zu sehr in der Gegenwart: die Leichtsinnigen – andere zu sehr in der Zukunft: die Ängstlichen und Besorglichen. Selten wird einer genau das rechte Maß halten. Die, welche mittelst Streben und Hoffen nur in der Zukunft leben, immer vorwärts sehn und mit Ungeduld den kommenden Dingen entgegeneilen, als welche allererst das wahre Glück bringen sollen, inzwischen aber die Gegenwart unbeachtet und ungenossen vorbeiziehn lassen, sind, trotz ihren altklugen Mienen, jenen Eseln in Italien zu vergleichen, deren Schritt dadurch beschleunigt wird, dass an einem ihrem Kopf angehefteten Stock ein Bündel Heu hängt, welches sie daher stets dicht vor sich sehn und zu erreichen hoffen. Denn sie betrügen sich selbst um ihr ganzes Dasein, indem sie stets nur *ad interim* leben – bis sie tot sind.

Statt also mit den Plänen und Sorgen für die Zukunft ausschließlich und immerdar beschäftigt zu sein oder aber uns der Sehnsucht nach der Vergangenheit hinzugeben, sollten wir nie vergessen, dass die Gegenwart allein real und allein gewiss ist, hingegen die Zukunft fast immer anders ausfällt, als wir sie denken, ja auch die Vergangenheit anders war, und zwar so, dass es mit beiden im Ganzen weniger auf sich hat, als es uns scheint. Denn die Ferne, welche dem Auge die Gegenstände verkleinert, vergrößert sie dem Gedanken. Die Gegenwart allein ist wahr und wirklich: sie ist die real erfüllte Zeit, und ausschließlich in ihr liegt unser Dasein. Daher sollten wir sie stets einer heitern Aufnahme würdigen, folglich jede erträgliche und von unmittelbaren Widerwärtigkeiten oder Schmerzen freie Stunde mit Bewusstsein als solche genießen, d. h. sie nicht trüben durch verdrießliche Gesichter über verfehlte Hoffnungen in der Vergangenheit oder Besorgnisse für die Zukunft. Denn es ist durchaus töricht, eine gute gegenwärtige Stunde von sich zu stoßen oder sie sich mutwillig zu verderben aus Verdruss über das Vergangene oder Besorgnis wegen des Kommenden. Der Sorge, ja selbst der Reue sei ihre bestimmte Zeit gewidmet (...) AL

Sagt mir, wann der Raum entstand und wo die Zeit, seine flüchtige Braut, geboren ward, endlich wie die Materie, ihr gemeinsames Kind, ins Dasein trat, und so das Grundgerüst zu einer leidenden Welt gelegt wurde. Mit dem Raum entstand der Streit, und mit der Zeit die Vergänglichkeit. [HN4/1, 15]

Die Zeit ist das, was uns immer narrt, und wir kommen ihr nicht auf die Schliche. [HN1, 90]

In der Vergangenheit hat keiner gelebt, und in der Zukunft wird keiner leben, sondern in der Gegenwart allein ist alles Leben: sie allein ist das Besitztum des Lebens, und dasselbe kann ihm nie entrissen werden. Dies allein ist der Trost für die Vergänglichkeit des Individuums, solang der Wille zum Leben da ist. HN1, 486

Die Wichtigkeit der Gegenwart wird selten sofort erkannt, sondern erst viel später. [AL]

Uns zu beunruhigen sind bloß solche künftige Übel berechtigt, welche gewiss sind und deren Eintrittszeit ebenfalls gewiss ist. Dies werden aber sehr wenige sein: denn die Übel sind entweder bloß möglich, allenfalls wahrscheinlich, oder sie sind zwar gewiss, allein ihre Eintrittszeit ist völlig ungewiss. Lässt man nun auf diese beiden Arten sich ein, so hat man keinen ruhigen Augenblick mehr. Um also nicht der Ruhe unsers Lebens durch ungewisse oder unbestimmte Übel verlustig zu werden, müssen wir uns gewöhnen, jene anzusehn, als kämen sie nie, diese, als kämen sie gewiss nicht so bald. AL

Je mehr nun aber einem die Furcht Ruhe lässt, desto mehr beunruhigen ihn die Wünsche, die Begierden und Ansprüche. Goethes so beliebtes Lied, „ich hab' mein' Sach auf nichts gestellt", besagt eigentlich, dass erst nachdem der Mensch aus allen möglichen Ansprüchen herausgetrieben und auf das nackte, kahle Dasein zurückgewiesen ist, er derjenigen Geistesruhe teilhaft wird, welche die Grundlage des menschlichen Glückes ausmacht, indem sie nötig ist, um die Gegenwart, und somit das ganze Leben, genießbar zu finden. Zu eben diesem Zwecke sollten wir stets eingedenk sein, dass der heutige Tag nur ein Mal kommt und nimmer wieder. Aber wir wähnen, er komme morgen wieder: morgen ist jedoch ein anderer Tag, der auch nur ein Mal kommt. Wir aber vergessen, dass jeder Tag ein integrierender und daher unersetzlicher Teil des Lebens ist, und betrachten ihn vielmehr als unter demselben so enthalten, wie die Individuen unter dem Gemeinbegriff. AL

Ebenfalls würden wir die Gegenwart besser würdigen und genießen, wenn wir in guten und gesunden Tagen uns stets bewusst wären, wie in Krankheiten oder Betrübnissen die Erinnerung uns jede schmerz- und entbehrungslose Stunde als unendlich beneidenswert, als ein verlorenes Paradies, als einen verkannten Freund vorhält. Aber wir verleben unsre schönen Tage, ohne sie zu bemerken: erst wann die schlimmen kommen, wünschen wir jene zurück. Tausend heitere, angenehme Stunden lassen wir mit verdrießlichem Gesicht ungenossen an uns vorüberziehn, um nachher, zur trüben Zeit, mit vergeblicher Sehnsucht ihnen nachzuseufzen. Stattdessen sollten wir jede erträgliche Gegenwart, auch die alltägliche, welche wir jetzt so gleichgültig vorüberziehn lassen und wohl gar noch ungeduldig nachschieben, in Ehren halten, stets eingedenk, dass sie eben jetzt hinüberwallt in jene Apotheose der Vergangenheit, woselbst sie fortan, vom Lichte der Unvergänglichkeit umstrahlt, vom Gedächtnisse aufbewahrt wird, um, wann dieses einst, besonders zur schlimmen Stunde, den Vorhang lüftet, als ein Gegenstand unsrer innigen Sehnsucht sich darzustellen.[AL]

Die Pein des unerfüllten Wunsches ist klein gegen die der Reue: denn jene steht vor der stets offenen, unabsehbaren Zukunft, diese vor der unwiderruflich abgeschlossenen Vergangenheit.[VG]

Über keinen Vorfall großen Jubel noch großen Jammer aufkommen lassen, weil die Veränderlichkeit aller Dinge ihn jeden Augenblick völlig umgestalten kann, dagegen allezeit die Gegenwart möglichst heiter genießen: das ist Lebensweisheit. Wir tun aber meistens das Gegenteil: Pläne und Sorgen für die Zukunft oder auch Sehnsucht nach der Vergangenheit beschäftigen uns so durchgehend und anhaltend, dass die Gegenwart fast immer für nichts geachtet und vernachlässigt wird: und doch ist sie allein gewiss, hingegen Zukunft, ja auch Vergangenheit fast immer anders, als wir sie denken. So betrügen wir uns selbst um das ganze Leben. [HN3, 273]

Gewöhnlich suchen wir das Trübe der Gegenwart aufzuhellen durch Spekulation auf günstige Möglichkeiten und bilden uns hundert chimärische Hoffnungen ein, von denen jede schwanger ist mit einem *Disappointment*, wenn sie, wie meistens, unerfüllt bleibt: stattdessen sollten wir lieber alle schlimmen Möglichkeiten zum Gegenstand unsrer Spekulation machen, welches teils Vorkehrungen veranlassen würde, ihnen vorzubeugen, teils angenehme Überraschungen, wenn sie nicht eintreten. [HN3, 598]

Ihr klagt über die Flucht der Zeit: sie würde nicht so unaufhaltsam fliehen, wenn irgendetwas, das in ihr ist, des Verweilens wert wäre. [HN3, 46]

Ein Mann, der bei allen Unfällen des Lebens gelassen bleibt, zeigt bloß, dass er weiß, wie ungeheuer und wie tausendfältig die möglichen Übel des Lebens sind und er deshalb das gegenwärtige ansieht als einen sehr kleinen Teil dessen, was kommen könnte: und umgekehrt, wer dieses Letztere weiß und bedenkt, wird stets gelassen bleiben. Sodann: *All's well that ends well.* [HN3, 272]

Wie lang ist die Nacht einer unendlichen Zeit gegen den kurzen Traum des Lebens! HN3, 56

Wenn man auf seinen zurückgelegten Lebenslauf zurücksieht und so manches verfehlte Glück, so manches herbeigezogene Unglück erblickt, „des Lebens labyrinthisch irren Lauf" – so kann man in Vorwürfen gegen sich selbst leicht zu weit gehn. Denn unser Lebenslauf ist keineswegs so schlechthin unser eignes Werk, sondern das Produkt zweier Faktoren, nämlich der Reihe der Begebenheiten und der Reihe unsrer Entschlüsse, und zwar noch so, dass unser Horizont in beiden sehr beschränkt ist und wir unsre Entschlüsse nicht von weitem vorhersagen können, noch weniger aber die Begebenheiten voraussehn, sondern von beiden nur die gegenwärtigen kennen, deshalb wir, wenn unser Ziel noch ferne liegt, gar nicht einmal grade darauf zusteuern können, sondern nur approximativ und nach Mutmaßungen, d. h. wir müssen nach Maßgabe der Umstände uns jeden Augenblick entschließen, in der Hoffnung, es so zu treffen, dass es uns dem Hauptziel näher bringt: so sind die vorliegenden Umstände und unsre Grundabsichten zweien nach verschiedenen Seiten ziehenden Kräften zu vergleichen, und die daraus entstehende Diagonale ist unser Lebenslauf. HN3, 515f

Mein Lied, mein Leid

Ich sah Dir nach in Deinen blauen Himmel,
Im blauen Himmel dort verschwand Dein Flug,
Ich blieb allein zurück in dem Gewimmel,
Zum Troste mir Dein Wort, zum Trost Dein Buch.
Da sucht' ich mir die Öde zu beleben
Durch Deiner Worte geisterfüllten Klang:
Sie sind mir alle fremd, die mich umgeben,
Die Welt ist öde und das Leben lang.
usw. [HN3, 48]

Der Philosoph als Weltauge

Lesen und Schreiben –
Allein sein – Religion als Krücke –
Vom Umgang mit der Wahrheit

Dem Philosophen ist seine Arbeit ein Weg zur Wahrheit. Er kann ihn nur alleine gehen, abseits der Akademien und Universitäten, ungestört von Frau und Familie, in strikter Absonderung. Fern von allen und jedem fremd, sitzt er im Schutzraum des Denkens und schreibt (oder schimpft über seine als Philosophieprofessoren bestallten Zeitgenossen). Wenn er gut ist, vermeidet er Lektüre, dieses schnöde „Surrogat des Denkens". Wie nach ihm auch Nietzsche, der die Lebensphasen ohne Bücher als seine glücklichsten feiert, hegt Schopenhauer einen tiefen Verdacht gegen das Lesen.

Entscheidend ist: Was einer nicht selber denkt, das denkt er nicht, und was ein anderer schon gedacht hat, das muss nicht wiederholt werden. Ob ihm als Autor aber das Leben ohne Leser gefällt? Der Absatz seiner Bücher verläuft mehr als schleppend. Abgesehen von den späten *Parerga und Paralipomena* (mit dem geschickt skandalösen Kapitel „Über die Weiber"!) verkauft er mickrige Auflagen seiner Werke, von der Dissertation nur 150 Stück – in zehn Jahren! *Die Welt als Wille und Vorstellung* lässt er in 800 Exemplaren drucken; die meisten werden makuliert. 1836, also beinahe zwanzig Jahre später, erscheint sein nächstes Buch *Über den Willen in der Natur*; in anderthalb Jahren gehen davon 125 Exemplare in den Handel – auch das nicht gerade ein gutes Geschäft. Erst mit seinem späten Ruhm wird sich das ändern.

Zum Glück bleibt der Glaube an den Wert der eigenen Arbeit ungetrübt: „Innerhalb der Schranken der menschlichen Erkenntnis" hat Schopenhauer, so notiert er, nicht weniger als „die wirkliche Lösung des Rätsels der Welt" gefunden; er scheut sich nicht, seine Philosophie eine „Offenbarung" aus dem „Geiste der Wahrheit" zu nennen, an der selbst der heilige Geist seinen Anteil habe. Vielleicht hat er ja Recht. Die Religion glaubt er, für seine Person jedenfalls, weitgehend überwunden zu haben. Im Unterschied zu venezianischen Lastenträgern, Proletariern und bloßen Gelehrten hat der wahre Philosoph das „Weltbewusstsein" erlangt. Er ist das Auge der Welt.

Lesen und Schreiben

Wer die weite Reise zur Nachwelt vorhat, darf keine unnütze Bagage mitschleppen, denn er muss leicht sein, um den langen Strom der Zeit hinabzuschwimmen. Wer für alle Zeiten schreiben will, sei kurz, bündig, auf das Wesentliche beschränkt: er sei, bis zur Kargheit, bei jeder Phrase und jedem Wort bedacht, ob es nicht auch zu entbehren sei, wie, wer den Koffer zur weiten Reise packt, bei jeder Kleinigkeit, die er hineinlegt, überlegt, ob er nicht auch sie weglassen könne.

Das hat jeder, der für alle Zeiten schrieb, gefühlt und getan. Den breiten, Unverdautes hinwerfenden, endlosen Schwätzern, wie z. B. Fichten, ist es gar nie in den Sinn gekommen: Wozu hätte es das auch gesollt? HN3, 30f

Lesen heißt seine Gedanken von einem andern am Gängelbande führen lassen. – Die allermeisten Bücher sind bloß gut zu zeigen, wie viele Irrwege es gibt und wie toll man sich verlaufen könnte, wenn man sich vom andern leiten ließe. Den der Genius leitet, der geht den rechten Weg. – Denken heißt seinem Genius folgen, von ihm geleitet werden, falls man einen hat. Stets heißt es seinen eignen Weg gehn. HN3, 38

Lesen ist ein bloßes Surrogat des Denkens. Lesen soll man nur dann, wann die Quelle der eignen Gedanken stockt. Hingegen die eignen urkräftigen Gedanken in ihrem Laufe hemmen, um ein Buch zur Hand zu nehmen, ist Sünde wider den heiligen Geist. Man gleicht dann dem, der aus der freien Natur flieht, um ein Herbarium zu besehn, oder schöne Gegenden im Kupferstich zu betrachten. Wenn man auch bisweilen eine Wahrheit, eine Einsicht, die man mit vieler Mühe und langsam durch eignes Denken und Kombinieren ausgefunden hat, in einem Buche hätte mit Bequemlichkeit ganz fertig vorfinden können, so ist sie doch hundert Mal mehr wert, wenn man sie durch eignes Denken gefunden hat: denn nur dann tritt sie als integrierender Teil, als lebendiges Glied ein in das ganze System unsers Denkens, steht mit demselben in vollkommnem, festen Zusammenhang, ist mit allen ihren Gründen und Folgen gefasst, trägt die Farbe, die Tinte, das Gepräge unseres ganzen Gedankensystems, ist eben zur rechten Zeit, als nämlich ihr Bedürfnis fühlbar war, gekommen, sitzt fest und kann nicht wieder verlöschen. – Die erlernte Wahrheit klebt uns nur an wie ein angesetztes Glied, ein falscher Zahn, eine wächserne Nase oder höchstens wie eine rhinoplastische aus fremdem Fleisch: die durch eignes Denken erworbene Wahrheit allein gleicht dem natürlichen Gliede; sie allein gehört uns wirklich an. – Darauf beruht der Unterschied zwischen dem Denker und dem bloßen Gelehrten. – Daher sieht der Geistesreichtum des Selbstdenkers aus wie ein schönes Gemälde, das lebendig hervortritt, mit richtigem Licht und Schatten, gehaltenem Ton, vollkommener Harmonie der Farben. Der Geistesreichtum des bloßen Gelehrten gleicht einer großen Palette voll bunter Farbenkleckse, allenfalls systematisch geordnet, aber ohne Harmonie, Zusammenhang und Bedeutung. [HN3, 49]

Zudem sind aufgeschriebene Gedanken nichts mehr als die Spur eines Spaziergängers im Sande: man sieht wohl den Weg, den er genommen hat, aber um zu wissen, was er auf dem Wege gesehen, muss man seine eignen Augen gebrauchen. [HN3, 311]

Das große Publikum meint, es sei mit den Büchern wie mit den Eiern: sie müssen frisch genossen werden; daher greift es stets nach dem Neuen. [HN4/1, 215]

Kein größerer Irrtum, als zu glauben, dass das zuletzt gesprochene Wort stets das richtigere, jedes später Geschriebene eine Verbesserung des früher Geschriebenen und jede Abänderung ein Fortschritt sei. Die denkenden Köpfe, die Menschen von richtigem Urteil und die Leute, denen es Ernst mit der Sache ist, sind alle nur Ausnahmen; die Regel ist überall in der Welt das Geschmeiß: und dieses ist stets bei der Hand und emsig bemüht, das von jenen nach reiflicher Überlegung Gesagte auf seine Weise zu verschlimmbessern. Daher, wer über einen Gegenstand sich belehren will, hüte sich, sogleich nur nach den neuesten Büchern darüber zu greifen, in der Voraussetzung, dass die Wissenschaften immer fortschreiten und dass bei Abfassung dieser die älteren benutzt worden seien. Das sind sie wohl; aber wie? Der Schreiber versteht oft die älteren nicht gründlich, will dabei doch nicht geradezu ihre Worte gebrauchen, verballhornt und verhunzt daher das von ihnen sehr viel besser und deutlicher Gesagte, da sie aus eigener und lebendiger Sachkenntnis geschrieben haben.[VG]

Wer Gedanken mitzuteilen hat, wird sich alle Mühe geben, sich deutlich zu machen, und sogar sich nach der Unfähigkeit der andern zu bequemen suchen. Wer aber keine Gedanken mitzuteilen hat und doch gern den Schein des Gegenteils hervorbringen möchte, wird oft das Mittel ergreifen, sinnlosen Wischiwaschi aufzutischen und der Unfähigkeit der andern die Schuld zu geben, dass kein Sinn darin gefunden wird. Sind es Deutsche, so glauben sie es.[HN4/1, 107]

Allein sein

Die Philosophie ist eine hohe Alpenstraße, zu ihr führt nur ein steiler Pfad über spitze Steine und stechende Dornen: er ist einsam und wird immer öder, je höher man kommt, und wer ihn geht, darf kein Grausen kennen, sondern muss alles hinter sich lassen und sich getrost im kalten Schnee seinen Weg selbst bahnen. Oft steht er plötzlich am Abgrund und sieht unten das grüne Tal: dahin zieht ihn der Schwindel gewaltsam hinab; aber er muss sich halten, und sollte er mit dem eigenen Blut die Sohlen an den Felsen kleben. Dafür sieht er bald die Welt unter sich, ihre Sandwüsten und Moräste verschwinden, ihre Unebenheiten gleichen sich aus, ihre Misstöne dringen nicht hinauf, ihre Rundung offenbart sich. Er selbst steht immer in reiner, kühler Alpenluft und sieht schon die Sonne, wenn unten noch schwarze Nacht liegt. [HN1, 14]

Ich bin der *Kaspar Hauser der Philosophieprofessoren*: sie haben mich von Luft und Licht abgesperrt – damit meine angeborenen Ansprüche nicht zu Geltung kämen. [HN4/1, 292]

Dass in Kurzem die Würmer meinen Leib zernagen werden, ist ein Gedanke, den ich ertragen kann – aber die Philosophie-Professoren meine Philosophie! – dabei schaudert's mich. [HN4/2, 34]

Die Wichtigkeit des intellektuellen unsterblichen Menschen in mir ist so unendlich groß gewesen gegen die des Individuums, dass ich, wenn auch noch so viele persönliche Sorgen auf mir gelastet, sie sogleich habe fahren und verschwinden lassen, sobald ein philosophischer Gedanke sich regte: denn ein solcher ist mir immer voller Ernst gewesen und alles andere dagegen Spaß. Das ist der Adels- und Freibrief der Natur. Das Glück der gewöhnlichen Menschen besteht in der Abwechslung zwischen Arbeit und Genuss: bei mir dagegen sind beide eines. Deshalb ist das Leben von Menschen meiner Art notwendig ein Monodrama. Missionarien der Wahrheit an das Menschengeschlecht, wie ich, werden, nachdem sie sich begriffen, mit den Menschen sich außer ihrer Mission so wenig gemeinmachen, als die Missionare in China mit den Chinesen fraternisieren. Einem Menschen wie mir ist, besonders solange ich jung bin, in allen Lebensverhältnissen beständig zu Mute wie einem, der in Kleidern steckt, die ihm nicht passen. [HN4/2, 108]

Wenn es mir auch zweifelhaft zu sein scheint, ob die zurückgezogene Lebensweise, deren Menschen wie ich bedürfen, leichter in der Ehe oder im Junggesellenstand möglich sei, so sehe ich doch wohl ein, dass für mich der Letztere schon um desswillen geboten ist, weil ich bei gewissenhafter Selbstprüfung weder den Mut noch die Fähigkeit noch den Beruf in mir fühle, die Lasten der Ehe auf mich zu nehmen. Sensibilität und Intellektualität waren in mir alle Zeit vorherrschend, weshalb ich alle Zeit für die Übel und Unbilden des Lebens die intensivste Empfänglichkeit hatte, von den Freuden und Genüssen desselben dagegen verhältnismäßig weniger bewegt wurde. Deshalb lagen von Jugend auf meinen Träumen von Glück immer Szenen der Zurückgezogenheit, der Stille, der Einsamkeit und des Selbstgenusses zum Grunde. Wenn mein reales Leben (...) die Hauptsache meiner Existenz und die Quelle meiner Genüsse gewesen wäre, hätte ich wohlgetan, zu heiraten; da mein Leben im Gegenteil ein ideales, intellektuelles gewesen ist, habe ich es nicht tun dürfen: denn eines muss dem andern zum Opfer gebracht werden.

Ein Mensch, der, aus welchem Grund immer, den natürlichen Lebensweg verlassen hat, darf nie heiraten. Wer ohne Erwerb ist, hat keine festen Wurzeln auf Erden, ein Sturm kann ihn umwerfen, er muss deshalb allein stehen. Das Wagnis, mit einem kleinen Vermögen ohne Arbeit zu leben, kann nur im Zölibat durchgeführt werden. Der Verlust der freien Verfügung über meine eigene Person ist ein weit größeres Übel als der Vorteil, der mir aus dem Gewinn einer andern erwachsen kann. Auch ist es schlechterdings unmöglich, dass ich mit einem Weibe glücklich wäre, welches nicht glücklich mit mir ist: da ich nun hauptsächlich in meiner Gedankenwelt lebe, Gesellschaft und Lustbarkeiten nicht liebe, überdies nicht immer in guter Laune bin, so ist wenig Hoffnung vorhanden, dass sich ein Weib mit mir glücklich fühlen werde.

Weil ich den eigentlichen Zweck meines Lebens jenseits der Grenzen meiner persönlichen Existenz, die mir nur das Mittel dazu war, liegen sehe, würde das Wichtigste und Ungemeinste dem Gemeinen zum Opfer gebracht werden, sobald meine Person und mein Eigentum nicht ganz zu meiner Verfügung ständen, sondern jemand daran teilhätte. Diesen freien und unbeschränkten Besitz meiner selbst mir zu sichern, verzichte ich auf den Besitz jeder andern Person. Denn wenn sie mir gehören soll, muss ich ihr gehören (...)

Ich betrachte mein Erbteil als einen geweihten Schatz, der mir nur anvertraut ist, um die mir von der Natur gestellte Aufgabe zu lösen, um für mich und die Menschheit das sein zu können, wozu sie mich bestimmt hat, als einen Freibrief, ohne welchen ich für die Menschheit nutzlos sein und vielleicht die elendeste Existenz haben würde, die jemals ein Mensch meiner Art gehabt hat. Deshalb hielte ich es für den undankbarsten und unwürdigsten Missbrauch eines so seltenen Schicksals, wenn ich, in der so oft getäuschten Erwartung eines genussreicheren Lebens, vielleicht die Hälfte meines Einkommens an Modehändler, Schneider und Putzmacherinnen ausgeben wollte.

Je verständiger und weiser einer ist, desto schlimmer fährt er in der Verbindung mit der unverständigen Hälfte der Menschheit, und mit Recht, da diese Verbindung von seiner Seite eine größere Torheit gewesen ist. Vollends wer vierzig Jahre alt geworden ist, ohne sich mit Frau und Kindern belastet zu haben, muss wenig gelernt haben, wenn er es nachher noch tun will. Es kommt mir dies vor, als wenn einer drei Viertel der Poststation zu Fuß zurückgelegt hat und noch ein Passagierbillet für die ganze Fahrt lösen will. HN4/2, 117f

Der mächtige Unterschied zwischen meinesgleichen und den andern beruht großenteils darauf, dass Erstere ein dringendes Bedürfnis haben, welches die andern nicht kennen, ja dessen Befriedigung ihnen verderblich sein würde: das Bedürfnis der freien Muße zum Denken und Studieren, welches sogar den moralischen Maßstab zur Beurteilung von Menschen meinesgleichen ändert: wennschon der sterbende Perikles Recht hat, dass zuletzt kein Verdienst in die Waagschale falle gegen ein böses Gewissen. Mit den Alten, mit Sokrates und Aristoteles (...) halte ich daher die Muße für das höchste Erdengut. Wenn ein Mensch so wie ich geboren ist, bleibt von außen nur dies eine zu wünschen, dass er so viel als möglich seine ganze Lebenszeit hindurch und jeden Tag und *jede* Stunde er selbst sein und seinem Geiste leben könne.

Aber schwer ist die Erfüllung dieser Forderung in einer Welt, wo des Menschen Los und Bestimmung ganz andere sind, wo zwischen Armut, die uns alle freie Muße nimmt, und Reichtum, der auf jede Weise sie zu verderben und uns abzuziehen trachtet, wie zwischen Scylla und Charybdis durchzusteuern ist. Von der Natur bestimmt ist des Menschen Los: tages Arbeit, nachts Ruhe und wenig Muße, und des Menschen Glück: Weib und Kind, die sein Trost sind im Leben und Sterben. Wo aber eine abnorme Beschaffenheit große geistige Bedürfnisse und mit diesen die Möglichkeit großer geistiger Genüsse herbeiführt, da wird freie Muße zur Hauptbedingung des Glücks, für welche sodann dem normalen Menschenglück durch Weib und Kind willig entsagt wird. Das Individuum dieser Art gehört einer andern Sphäre an. Allein zur Befriedigung dieser veränderten Forderung sind äußere Umstände der Art, wie sie schon sehr selten eintreten, die Bedingung. Hier muss ein günstiges Schicksal walten, um einer außerordentlichen Natur außerordentliche Umstände zu bereiten. HN4/2, 122f

Da tritt denn ein (...), dass in dem Leben der meisten Menschen sich ein gewisser Plan findet, der durch die eigene Natur sowohl als durch die Umstände, die sie führen, ihnen gleichsam vorgezeichnet ist; die Zustände ihres Lebens mögen noch so abwechseln und veränderlich sein, es zeigt sich doch am Ende ein Ganzes, das unter sich eine gewisse Übereinstimmung bemerken lässt. Die Hand eines bestimmten Schicksals, so verborgen sie auch wirken mag, zeigt sich: sie mag nun durch äußere Wirkung oder innere Regung bewegt sein; ja widersprechende Gründe bewegen sich oft in ihrer Richtung. HN4/2, 123

Bei Anwandlungen von Unzufriedenheit bedenke ich stets, was es heißt, dass ein Mensch wie ich sein ganzes Leben der Ausbildung seiner Anlagen und seinem angeborenen Berufe leben kann und wie viele Tausende gegen eins waren, dass das nicht anging und ich sehr unglücklich geworden wäre. Wenn ich zu Zeiten mich unglücklich gefühlt, so ist dies mehr nur vermöge einer *méprise*, eines Irrtums in der Person geschehen, ich habe mich dann für einen andern gehalten, als ich bin, und nun dessen Jammer beklagt: z. B. für einen Privatdozenten, der nicht Professor wird und keine Zuhörer hat, oder für einen, von dem dieser Philister schlecht redet und jene Kaffeeschwester klatscht, oder für den Beklagten in jenem Injurienprozesse, oder für den Liebhaber, den jenes Mädchen, auf das er kapriziert ist, nicht erhören will, oder für den Patienten, den seine Krankheit zu Hause hält, oder für andere ähnliche Personen, die an ähnlichen Miseren laborieren: das alles bin ich nicht gewesen, das alles ist fremder Stoff, aus dem höchstens der Rock gemacht gewesen ist, den ich eine Weile getragen und dann gegen einen andern abgelegt habe. Wer aber bin ich denn? Der, welcher die Welt als Wille und Vorstellung geschrieben und vom großen Problem des Daseins eine Lösung gegeben, welche vielleicht die bisherigen antiquieren, jedenfalls aber die Denker der kommenden Jahrhunderte beschäftigen wird. Der bin ich, und was könnte den anfechten in den Jahren, die er noch zu atmen hat? HN4/2, 109

Ich habe immer gehofft, leicht zu sterben; denn wer sein Leben lang einsam gewesen ist, wird sich auf dieses solitäre Geschäft besser verstehen als andere. Statt unter den auf die ärmliche Kapazität der *bipedes* berechneten Alfanzereien werde ich im freudigen Bewusstsein endigen, dahin zurückzukehren, von wo ich so hoch begnadigt ausgegangen bin, und meine Mission vollbracht zu haben. HN4/2, 127

Religion als Krücke

A. Ein philosophischer Geist wird einsehn, dass Religion und Kirche dem Menschen notwendig sind als die öffentliche Standarte des Rechts und der Tugend (wie Kant sie nennt) und dass sie den intellektuellen Bedürfnissen derselben, die keine Philosophie verlangen noch vertragen, angemessen sind, als ein Surrogat der Philosophie zum praktischen Behuf. Er wird also insofern ein Freund der Religion sein, als er sich als zur Menschheit gehörend betrachtet und mehr an das Ganze denkt als an sich: dagegen B wird bei ihm eine Privatfeindschaft gegen die Religion hervorgehn aus eben der Eigenschaft, die ihn zum philosophischen Geist macht, nämlich aus der Liebe zur Wahrheit als solcher, welche eben es war, die ihn das Ungenügende und Unwürdige eines positiven Autoritätsglaubens fühlen ließ und ihn trieb, nach der reinen und echten Erkenntnis zu forschen. Intellektuell ist er eins mit der Philosophie selbst, die wesentlich eine Feindin aller Religion ist, als welche den Thron usurpiert hat, der jener gehört und durch Trug ihn behauptet. Schon das Auftreten als offenbarte Wahrheit ist der Stempel des Betrugs und fordert den Denker zur Feindschaft auf. [HN3, 279]

Zum Glauben ist man kein Philosoph. [HN4/1, 215]

Dass das Altertum mit so viel Unschuld bekleidet vor uns steht, ist doch bloß, weil es das Christentum nicht kannte. [HN3, 76]

Kaum haben die Regierungen den Pfaffen wieder auf die Beine geholfen, so liegen diese sich auch wieder in den Haaren.

Das freut mich herzlich. HN4/1, 215

Gebet eines Skeptikers

Gott – wenn du bist – errette aus dem Grabe
Meine Seele – wenn ich eine habe. HN3, 190

Eigentlich ist alle positive Religion der Usurpator des Throns, der der Philosophie gebührt. Philosophen werden sie daher stets anfeinden, wenn sie sie auch als ein notwendiges Übel, eine Krücke für die krankhafte Schwäche des Geistes der meisten Menschen betrachten sollten. HN3, 59f

Vom Umgang mit der Wahrheit

Man hat geklagt, dass meine Philosophie traurig und trostlos wäre: aber nichts ist so trostlos wie die Lehre, dass Himmel und Erde und konsekutiv der Mensch aus Nichts geschaffen seien, denn da folgt wie Nacht auf Tag, dass er zu nichts wird, wann er vor unsern Augen stirbt! Vielmehr ist der Anfang und Grund alles Tröstlichen die Lehre, dass der Mensch nicht aus Nichts geworden ist. HN3, 627

Was nun die eigentliche und ursprüngliche Verschiedenheit der Geisteskräfte betrifft, so lässt eine Vergleichung derselben sich nicht wohl anstellen, so lange man nicht die Einzelnen betrachtet, sondern bei dem Allgemeinen bleibt, weil diese Verschiedenheit nicht von Weitem übersehbar und nicht so leicht auch äußerlich kenntlich ist wie die Unterschiede der Bildung, Muße und Beschäftigung. Aber auch nur nach diesen gehend, muss man eingestehn, dass mancher Mensch einen wenigstens zehnfach höhern Grad des Daseins hat als der andere – zehn Mal so sehr da ist.

Ich will hier nicht von Wilden reden, deren Leben oft nur eine Stufe über dem der Affen auf ihren Bäumen steht; sondern man betrachte etwa einen Lastträger zu Neapel oder zu Venedig (im Norden macht die Sorge für den Winter den Menschen schon überlegter und dadurch besonnener) und überblicke seinen Lebenslauf, vom Anbeginn bis zum Ende. Getrieben von der Not, getragen durch die eigene Kraft, dem Bedürfnis des Tages, ja der Stunde abhelfend durch die Arbeit, viel Anstrengung, steter Tumult, manche Not, keine Sorge auf morgen, erquickliche Ruhe nach der Erschöpfung, viel Zank mit andern, keinen Augenblick Zeit zum Bedenken, sinnliches Behagen im milden Klima und bei erträglicher Speise, dazu endlich, als metaphysisches Element, etwas krassen Aberglauben aus der Kirche: im Ganzen also ein ziemlich dumpf bewusstes Treiben oder vielmehr Getriebensein. Dieser unruhige und konfuse Traum macht das Leben vieler Millionen Menschen aus. Sie erkennen durchaus nur zum Behuf ihres gegenwärtigen Wollens: sie besinnen sich nicht über den Zusammenhang in ihrem Dasein, geschweige über den des Daseins selbst: gewissermaßen sind sie da, ohne es recht gewahr zu werden. Demnach steht das Dasein des besinnungslos dahinlebenden Proletariers oder Sklaven dem des Tieres, welches ganz auf die Gegenwart beschränkt ist, schon bedeutend näher als das unsrige, ist aber eben darum auch weniger qualvoll. Ja weil aller Genuss seiner Natur nach negativ ist, d.h. in Befreiung von einer Not oder Pein besteht, so ist die unablässige und schnelle Abwechslung gegenwärtiger Beschwerde mit ihrer Erledigung, welche die Arbeit des Proletariers beständig begleitet und dann verstärkt eintritt beim endlichen Umtausch der Arbeit gegen die Ruhe und die Befriedigung seiner Bedürfnisse, eine stete Quelle des Genusses, von deren Ergiebigkeit die so sehr viel häufigere Heiterkeit auf den Gesichtern der Armen als der Reichen sicheres Zeugnis ablegt.

Nunmehr aber betrachte man darauf den vernünftigen, besonnenen Kaufmann, der sein Leben spekulierend zubringt, sehr überlegte Pläne behutsam ausführt, sein Haus gründet, Weib, Kind und Nachkommen versorgt, auch am gemeinen Wesen tätig teilnimmt. Offenbar ist dieser mit sehr viel mehr Bewusstsein da als jener Erstere: d.h. sein Dasein hat einen höhern Grad von Realität.

Sodann sehe man den Gelehrten, der etwa die Geschichte der Vergangenheit erforscht. Dieser wird sich schon des Daseins im Ganzen bewusst, über die Zeit seiner Existenz hinaus, über seine Person hinaus: er überdenkt den Weltlauf.

Nun endlich den Poeten, oder gar den Philosophen, bei dem die Besonnenheit den Grad erreicht hat, dass er, nicht gereizt, irgendein besonderes Phänomen im Dasein zu erforschen, vor dem Dasein selbst, vor dieser großen Sphinx, verwundert stehn bleibt und es zu seinem Probleme macht. Das Bewusstsein hat sich in ihm zu dem Grade der Deutlichkeit gesteigert, dass es zum Weltbewusstsein geworden ist, wodurch die Vorstellung in ihm außer aller Beziehung zum Dienste seines Willens getreten ist und jetzt ihm eine Welt vorhält, welche ihn viel mehr zur Untersuchung und Betrachtung als zur Teilnahme an ihrem Treiben auffordert. – Sind nun die Grade des Bewusstseins die Grade der Realität – so wird, wenn wir einen solchen Mann das „allerrealste Wesen" nennen, die Phrase Sinn und Bedeutung haben.

Zwischen den hier skizzierten Extremen, nebst Zwischenpunkten, wird jedem seine Stelle sich nachweisen lassen.[VG]

Um einen andern von einer Wahrheit zu überzeugen, die gegen einen von ihm lebhaft festgehaltenen Irrtum streitet, ist die Regel des Verfahrens leicht und natürlich, nämlich diese: die Prämissen vorher gehn zu lassen und die Konklusion nachher. Und doch wird diese Regel selten beobachtet, sondern umgekehrt verfahren, weil unsre Heftigkeit, Eifer und Rechthaberei uns treiben, die Konklusion laut und gellend dem am entgegengesetzten Irrtum Hängenden entgegenzuschreien: hierdurch wird er kopfscheu und stemmt nun seinen Willen gegen alle Gründe und Prämissen, von denen er schon weiß, zu welcher ihm verhassten Konklusion sie führen sollen. Dann ist alles verloren. – Stattdessen soll man die Konklusion völlig verdeckt halten: ja man kann in hohen Fällen, wie Kant, eine falsche, entgegengesetzte darüberdecken. Immer also die Konklusion zudecken und bloß die Prämissen geben; diese vollständig, deutlich, allseitig – dann spreche man die Konklusion, die der Zweck ist, selbst gar nicht aus: sondern überlasse sie zu ziehn dem zu Überzeugenden. Er wird dies heimlich tun und desto aufrichtiger. Er hat dann nicht die Beschämung, überzeugt worden zu sein, sondern den Stolz, sich selbst überzeugt zu haben. [HN3, 37]

Sie schreien über das Melancholische und Trostlose meiner Philosphie; das liegt aber bloß darin, dass ich, statt als Äquivalent ihrer Sünden eine künftige Hölle zu fabeln, gezeigt habe, dass, wo die Sünde ist, in der Welt, auch schon etwas Höllenartiges sei. [HN3, 60]

Wie oft muss ich mit Schaden und Verdruss erfahren, dass mein Geist in Angelegenheiten des alltäglichen Lebens und des kleinlichen Treibens das ist, was ein Teleskop im Opernhause oder eine Kanone auf der Hasenjagd. [HN3, 196]

In meinem Kopfe gibt es eine stehende Oppositionspartei, die gegen alles, was ich, wenn auch mit reiflicher Überlegung, getan oder beschlossen habe, nachträglich polemisiert, ohne jedoch darum jedesmal Recht zu haben. Sie ist wohl nur eine Form des berichtigenden Prüfungsgeistes, macht mir aber oft unverdiente Vorwürfe. [VG]

Der Intellekt des Normalmenschen, streng an den Dienst seines Willens gebunden, mithin eigentlich bloß mit der Aufnahme der Motive beschäftigt, lässt sich ansehen als der Komplex von Drahtfäden, womit jede dieser Puppen auf dem Welttheater in Bewegung gesetzt wird. Hieraus entspringt der trockene, gesetzte Ernst der meisten Leute, der nur noch von dem der Tiere übertroffen wird, als welche niemals lachen. Dagegen könnte man das Genie, mit seinem entfesselten Intellekt, einem unter den großen Drahtpuppen des berühmten Mailändischen Puppentheaters mitspielenden, lebendigen Menschen vergleichen, der unter ihnen der Einzige wäre, welcher alles wahrnähme und daher gern sich von der Bühne auf eine Weile losmachte, um aus den Logen das Schauspiel zu genießen: das ist die geniale Besonnenheit.[WV31]

Viele Worte machen, um wenige Gedanken mitzuteilen, ist überall das untrügliche und unausbleibliche Zeichen der *Mittelmäßigkeit* – das des *Genies* dagegen, viele Gedanken in wenige Worte zu schließen.
HN3, 59

Wenn in dieser Welt das Denken an der Tagesordnung wäre, würden nicht die Ohren vogelfrei und jedem erlaubt sein, zu seinem Nutzen oder Vergnügen jeden beliebigen Lärm zu machen.[HN3, 635]

Was macht den Philosophen? Der Mut, keine Frage auf dem Herzen zu behalten.[HN1, 126]

Man wird schon ein Mal einsehn, welch ein radikaler Unterschied ist zwischen einem Philosophen, dessen letzter Zweck die Wahrheit, und einem, dessen letzter Zweck eine Professur ist. Es ist belustigend zu beobachten, wie ein solcher mit der Miene des feierlichsten Ernstes, das gründlichste und tiefste Forschen nach Wahrheit vorgebend, seine sämtlichen Dogmen sorgfältig der Landesreligion und den Zwecken der Regierenden anpasst und solchen gemäß modelt. Dieser mag für Se. Exzellenz den Herrn Minister viel Wert haben; für das Publikum hat er schlechthin gar keinen: mit jenem verhält es sich meistens umgekehrt: aber er ist so überaus und unerhört selten wie der andere alltäglich. [HN 4/1, 97]

Darum wird auch der von Leidenschaften oder Not und Sorge Gequälte durch einen einzigen freien Blick in die Natur so plötzlich erquickt, erheitert und aufgerichtet: der Sturm der Leidenschaften, der Drang des Wunsches und der Furcht und alle Qual des Wollens sind dann sogleich auf eine wundervolle Art beschwichtigt. Denn in dem Augenblicke, wo wir, vom Wollen losgerissen, uns dem reinen, willenlosen Erkennen hingegeben haben, sind wir gleichsam in eine andere Welt getreten, wo alles, was unsern Willen bewegt und dadurch uns so heftig erschüttert, nicht mehr ist. Jenes Freiwerden der Erkenntnis hebt uns aus dem allen ebenso sehr und ganz heraus wie der Schlaf und der Traum: Glück und Unglück sind verschwunden: wir sind nicht mehr das Individuum, es ist vergessen, sondern nur noch reines Subjekt der Erkenntnis: wir sind nur noch da als das eine Weltauge, was aus allen erkennenden Wesen blickt, im Menschen allein aber völlig frei vom Dienste des Willens werden kann, wodurch aller Unterschied der Individualität so gänzlich verschwindet, dass es alsdann einerlei ist, ob das schauende Auge einem mächtigen König oder einem gepeinigten Bettler angehört. Denn weder Glück noch Jammer wird über jene Grenze mit hinübergenommen.[WV38]

Meine Philosophie ist, innerhalb der Schranken der menschlichen Erkenntnis überhaupt, die wirkliche Lösung des Rätsels der Welt. In diesem Sinne kann sie eine *Offenbarung* heißen. Inspiriert ist solche vom Geiste der *Wahrheit*: sogar sind im vierten Buche einige Paragraphen, die man als vom heiligen Geiste eingegeben ansehn könnte.[HN4/2, 8]

Das gute Leben

Der Schmerz – Das Glück –
Die Musik – Mitleid

Realität hat allein das Leid; alles Glück bleibt Täuschung, Irrtum, Spiegelung, darin ist sich Schopenhauer sicher. Das Leben ist „nicht da, um genossen zu werden, sondern um abgetan, durchgemacht zu werden“. Der Schmerz steht fest, das Glück liegt in dessen Abwesenheit. Kann solches Denken froh oder gar glücklich machen? Schopenhauer schreibt über Menschen, er schreibt für die Menschen. Aus seinen Überlegungen zum Glück und Leid sprechen Pragmatismus und psychologische Weisheit: „Um nicht sehr unglücklich zu werden“, empfiehlt er, „ist das sicherste Mittel, dass man nicht sehr glücklich zu werden verlange.“ Wer viel will, kann leicht enttäuscht werden. Aber wer klug ist, zügelt seine Ansprüche; erst die Überwindung des Willens weist den rechten Weg.

Alles kommt darauf an, wie wir die Welt erleben. Wir können das Glück erfahren, ästhetisch, durch die Kunst und vor allem durch die Musik. Die Musik kommt aus dem Zentrum der Welt; sie bildet nicht die „Objektität“ des Willens ab, sondern ist unmittelbar, ein „Abbild des Willens selbst“. Weil dieser Zusammenklang von Welt und Kunst in der Musik so mächtig ist, glaubt Schopenhauer, „die Welt ebenso wohl verkörperte Musik als verkörperten Willen nennen" zu können.

Die Menschen haben die Harmonie als das Wesen der Welt entdeckt, nicht erfunden. Sie kann und soll Richtschnur des rechten Handelns werden. Denn auch die Ethik des Mitleids beruht auf der korrespondierenden Stimmung von Welt und Mensch: Wer erkennt, dass er nicht nur Individuum ist, sondern „im allgemeinen Dasein" lebt und teilhat an den anderen, der kann Herzensgüte entwickeln, Mut zu Mitgefühl, Geduld und Sanftmut. Das Mitleid widersteht der Macht des Willens, es überwindet die Vereinzelung. Und der Mutige wird belohnt: „Menschen solcher Art pflegen den Weibern unwiderstehlich zu sein."

Der Schmerz

In meinem siebzehnten Jahre ohne alle gelehrte Schulbildung, wurde ich vom Jammer des Lebens so ergriffen wie Buddha in seiner Jugend, als er Krankheit, Alter, Schmerz und Tod erblickte. Die Wahrheit, welche laut und deutlich aus der Welt sprach, überwand bald die auch mir eingeprägten jüdischen Dogmen, und mein Resultat war, dass diese Welt kein Werk eines allgütigen Wesens sein könnte, wohl aber das eines Teufels, der Geschöpfe ins Dasein gerufen, um am Anblick ihrer Qual sich zu weiden: darauf deuteten die Data, und der Glaube, dass es so sei, gewann die Oberhand. – Allerdings spricht aus dem mensch-

lichen Dasein die Bestimmung des Leidens: es ist tief ins Leiden eingesenkt, entgeht ihm nicht, sein Fortgang und Ausgang ist durchweg tragisch: eine gewisse Absichtlichkeit hierin ist nicht zu verkennen.
HN4/1, 96

Unmäßige Freude und sehr heftiger Schmerz finden sich immer nur in derselben Person ein: denn beide bedingen sich wechselseitig und sind auch gemeinschaftlich durch große Lebhaftigkeit des Geistes bedingt. Beide werden, wie wir soeben fanden, nicht durch das rein Gegenwärtige, sondern durch Antizipation der Zukunft hervorgebracht. Da aber der Schmerz dem Leben wesentlich ist und auch seinem Grade nach durch die Natur des Subjekts bestimmt ist, daher plötzliche Veränderungen, weil sie immer äußere sind, seinen Grad eigentlich nicht ändern können: so liegt dem übermäßigen Jubel oder Schmerz immer ein Irrtum und Wahn zum Grunde: folglich ließen jene beiden Überspannungen des Gemüts sich durch Einsicht vermeiden.[WV57]

Hierauf beruht es, dass wir ein ganz und gar von außen auf uns gekommenes Unglück mit mehr Fassung ertragen als ein selbstverschuldetes: denn das Schicksal kann sich ändern, aber die eigene Beschaffenheit nimmer. Demnach also sind die subjektiven Güter, wie ein edler Charakter, ein fähiger Kopf, ein glückliches Temperament, ein heiterer Sinn und ein wohlbeschaffener, völlig gesunder Leib, also überhaupt *mens sana in corpore sano (Juvenal, Sat.* X,

356), zu unserm Glücke die ersten und wichtigsten; weshalb wir auf die Beförderung und Erhaltung derselben viel mehr bedacht sein sollten als auf den Besitz äußerer Güter und äußerer Ehre.[AL]

Die unmittelbarste Wirkung der Hypochondrie ist ein beständiges Suchen und Grübeln, worüber wohl man sich zu ärgern oder zu ängstigen hätte. Die Ursache ist ein innerer krankhafter Unmut, dazu oft eine aus dem Temperament hervorgehende innere Unruhe: wenn beide den höchsten Grad erreichen, führen sie zum Selbstmord.[VG]

Bei einem unglücklichen Ereignis, welches bereits eingetreten, also nicht mehr zu ändern ist, soll man sich nicht einmal den Gedanken, dass dem anders sein könnte, noch weniger den, wodurch es hätte abgewendet werden können, erlauben: denn gerade er steigert den Schmerz ins Unerträgliche (...) Vielmehr mache man es wie der König David, der, solange sein Sohn krank daniederlag, den Jehovah unablässig mit Bitten und Flehen bestürmte, als er aber gestorben war, ein Schnippchen schlug und nicht weiter daran dachte. Wer aber dazu nicht leichtsinnig genug ist, flüchte sich auf den fatalistischen Standpunkt, indem er sich die große Wahrheit verdeutlicht, dass alles, was geschieht, notwendig eintritt, also unabwendbar ist.[AL]

Daher ist uns jede einzelne Entbehrung für den Augenblick ziemlich leicht, aber jede Entsagung entsetzlich schwer: denn jene trifft nur die vorübereilende Gegenwart, diese aber die Zukunft und schließt daher unzählige Entbehrungen in sich, deren Äquivalent sie ist. Die Ursache unseres Schmerzes wie unserer Freude liegt daher meistens nicht in der realen Gegenwart, sondern bloß in abstrakten Gedanken: diese sind es, welche uns oft unerträglich fallen, Qualen schaffen, gegen welche alle Leiden der Tierheit sehr klein sind, da über dieselben auch unser eigener physischer Schmerz oft gar nicht empfunden wird, ja wir bei heftigen geistigen Leiden uns physische verursachen, bloß um dadurch die Aufmerksamkeit von jenen abzulenken auf diese: daher rauft man, im größten geistigen Schmerze, sich die Haare aus, schlägt die Brust, zerfleischt das Antlitz, wälzt sich auf dem Boden; welches alles eigentlich nur gewaltsame Zerstreuungsmittel von einem unerträglich fallenden Gedanken sind. Eben weil der geistige Schmerz, als der viel größere, gegen den physischen unempfindlich macht, wird dem Verzweifelnden oder von krankhaftem Unmut Verzehrten der Selbstmord sehr leicht, auch wenn er früher, im behaglichen Zustande, vor dem Gedanken daran zurückbebte.[WV55]

Weil alles Glück und aller Genuss negativer, der Schmerz aber positiver Art ist, so ist das Leben nicht da, um genossen zu werden, sondern um abgetan, durchgemacht zu werden (…) Wer sein Leben ohne übergroße physische oder geistige Schmerzen durchbringt, hat das glücklichste Los gehabt, das zu finden war, nicht aber der, dem die größten Freuden und Genüsse zuteilgeworden. Wer nach diesen das Glück eines Lebenslaufes messen will, hat einen ganz falschen Maßstab: denn die Freuden sind negativ: dass sie beglücken können, ist ein Wahn, den der Neid hegt und pflegt: denn sie werden nicht positiv empfunden, wohl aber die Schmerzen: diese also sind der Maßstab des Lebensglücks durch ihre Abwesenheit. Aus dem hier Gesagten folgt, dass man nicht Genüsse durch Schmerzen, auch bloß mögliche, erkaufen soll, weil man sonst ein Negatives und daher Chimärisches mit einem Positiven und Realen bezahlt. Umgekehrt hingegen ist es Gewinn, wenn man Genüsse opfert, um Befreiung von Schmerzen dadurch zu erkaufen: aus demselben Grunde. [HN3, 284ff]

Das Leben der Menschen hat zwei Hauptseiten: eine subjektive, innere, und eine objektive, äußere. Jene subjektive innere betrifft Wohl und Wehe, Freude und Schmerz: woran wir uns hierüber zu halten haben, ist eben gesagt: möglichst geringer Grad und Zahl der Leiden ist hier das Höchste, so zu erlangen: es ist die passive Seite.

Die objektive, äußere ist das Bild, das unser Lebenswandel darstellt, die Art, wie wir unsre Rolle durchführen, *to kalos e kakos zen*. Hier liegt die Tugend, das Heldentum, die Leistungen des Geistes: es ist der aktive Teil. Und hier ist der Unterschied zwischen einem Menschen und dem andern unendlich größer als auf jener andern Seite, wo etwas mehr oder weniger Leiden die einzige Differenz ist. Daher sollte diese objektive Seite unsers Lebens (*to kalos zen*) unser Hauptaugenmerk sein, während es meistens die andre ist (*to eu zen*).

Eben weil unser Tun auf dieser objektiven, äußerlich sich darstellenden Seite liegt, bezeichneten die Griechen die Tugend und was dazu gehört als das kalon des Lebens: was schön anzusehn ist. Und eben weil nur auf dieser Seite große Unterschiede zwischen Mensch und Mensch sind, ist selbst der, welcher hier die erste Stelle einnimmt, auf jener ersten Seite doch den übrigen ziemlich gleich: positives Glück ist auch für ihn nicht da, aber positive Leiden, wie für alle andern.[HN3, 284ff]

Das Glück

Die unbefangene objektive Betrachtung jedes Lebenslaufes, aber unsers eigenen insbesondere, lässt uns erkennen, dass es im Leben nicht bloß [nicht] darauf abgesehn ist, dass wir glücklich seien, sondern sogar darauf, dass wir nicht glücklich seien. Es trägt durch seine endlosen Hindernisse, Widerwärtigkeiten, Unfälle und Not durchweg den Charakter wie etwas, daran uns der Geschmack verdorben werden soll, davon wir degoutiert werden sollen, davon wir wie von einem Irrtum zurückgebracht werden sollen.[HN3, 518]

Alles im Leben zeigt an, dass das irdische Glück bestimmt ist, getrübt, ja zerstört zu werden. Die Anlagen hierzu liegen tief im Wesen der Dinge. Demgemäß fällt das Leben der meisten Menschen mühselig und kurz aus. Komparativ Glückliche sind wie die Langlebenden Ausnahmen, die unvermeidlich.

All life is a cheat, it's mere disappointment throughout. Das ganze Leben ist ein Betrug: es führt uns im Großen wie im Kleinen hinter das Licht: hat es versprochen, so hält es entweder nicht oder nur, um uns zu zeigen, dass, was wir wünschen, wertlos war. Hat es gegeben, so nimmt es. Zeit und Raum sind die obersten Formen des Betrugs und der Täuschung. Alles dies ist dem wahren Zweck der Welt förderlich: der aber ist nicht das Glücklichsein.

Das Leben mit seinen stündlichen, täglichen, wöchentlichen und jährlichen kleinen, größern und großen Widerwärtigkeiten, mit seinen stets getäuschten Hoffnungen und seinen alle Berechnung vereitelnden Unfällen trägt überall so deutlich das Gepräge von etwas, das uns verleidet werden soll, einer Verirrung, davon wir zurückzukommen haben, dass es schwer zu begreifen ist, wie man es hat verkennen können und sich überreden lassen, das Leben sei da, um dankbar genossen zu werden, und der Mensch, um glücklich zu sein. HN3, 547

Man sollte einen andern nie um sein Glück, wohl aber um sein Unglück beneiden: denn das Unglück ist das Surrogat der Tugend, indem es, wie zuletzt auch diese, zur Verneinung des Willens leitet. HN4/1, 96

Mein Satz, dass alles Glück negativer Natur ist, hat auch daran eine Bestätigung, dass die beiden höchsten Güter des Menschen, Gesundheit und Freiheit, bloße Negationen sind. HN4/1, 105

Unser Wahn eines kommenden Glückes ist stets schimärisch: bald täuscht uns die Hoffnung, bald das Gehoffte.[HN4/1, 15]

Mit den menschlichen Glückszuständen verhält es sich meistens wie mit gewissen Baumgruppen, welche, von ferne gesehn, sich wunderschön ausnehmen: geht man aber hinan und hinein, so verschwindet diese Schönheit: man weiß nicht, wo sie geblieben ist, und steht eben zwischen Bäumen. Darauf beruht es, dass wir so oft die Lage des andern beneiden.[VG]

Neid ist dem Menschen natürlich (...): dennoch ist er ein Laster und ein Unglück zugleich. Wir sollen daher ihn als den Feind unsers Glückes betrachten und als einen bösen Dämon zu ersticken suchen.[AL]

Um nicht sehr unglücklich zu werden, ist das sicherste Mittel, dass man nicht sehr glücklich zu werden verlange, also seine Ansprüche auf Genuss, Besitz, Rang, Ehre usf. auf ein ganz Mäßiges herabsetze: denn eben das Streben und Ringen nach Glück zieht die großen Unglücksfälle herbei. Jenes ist aber schon darum weise und ratsam, weil sehr unglücklich zu sein gar leicht ist; sehr glücklich zu sein hingegen nicht etwa schwer, sondern ganz unmöglich. Besonders erbaue man seine Glückseligkeit nicht mittelst vieler Requisita auf einem breiten Fundament: denn auf solchem stehend stürzt es am leichtesten ein, da das Gebäude unsers Glückes sich in dieser Hinsicht umgekehrt verhält wie jedes andre, das auf breitem Fundament am festesten steht. Seine Ansprüche im Verhältnis zu seinen Mitteln jeder Art möglichst niedrig stellen, ist das sicherste Mittel, großem Unglück zu entgehn. Denn alles positive Glück ist schimärisch, der Schmerz aber real. [HN3, 596f]

Der Zustand des Bewusstseins allein ist das Bleibende und anhaltend Wirkende: alles Übrige wirkt nur vorübergehend. Aber das Vorherrschen des Intellekts über den Willen, da dieser stets viel Pein und wenig wirkliche Freude bringt, die große Lebendigkeit und Kapazität des Intellekts, welche die Langeweile bannt und den Menschen reich in sich macht, unendlich mehr leistend als alle Zerstreuungen, die der Reichtum kauft, ferner ein zufriedenes, vernünftiges Gemüt, darauf kommt es sehr an. Der Zustand, die Beschaffenheit des Bewusstseins ist in Hinsicht auf das Glück unsers Daseins ganz und gar die Hauptsache. [HN3, 597f]

Das Geld ist die menschliche Glückseligkeit *in abstracto*, daher, wer nicht mehr fähig ist, sie *in concreto* zu genießen, sein ganzes Herz an dasselbe hängt. [VG]

Denn wie unser physischer Weg auf der Erde immer nur eine Linie, keine Fläche ist, so müssen wir im Leben, wenn wir eines ergreifen und besitzen wollen, unzähliges anderes, rechts und links, entsagend liegen lassen. Können wir uns dazu nicht entschließen, sondern greifen, wie Kinder auf dem Jahrmarkt, nach allem, was im Vorübergehen reizt; dann ist dies das verkehrte Bestreben, die Linie unseres Wegs in eine Fläche zu verwandeln: wir laufen sodann im Zickzack, irrlichterlieren hin und her und gelangen zu nichts. – Oder, um ein anderes Gleichnis zu gebrauchen, wie, nach Hobbes' Rechtslehre, ursprünglich jeder auf jedes Ding ein Recht hat, aber auf keines ein ausschließliches, Letzteres jedoch auf einzelne Dinge erlangen kann, dadurch, dass er seinem Recht auf alle übrigen entsagt, wogegen die anderen in Hinsicht auf das von ihm erwählte das Gleiche tun – gerade so ist es im Leben, wo wir irgendeine bestimmte Bestrebung, sei sie nach Genuss, Ehre, Reichtum, Wissenschaft, Kunst oder Tugend, nur dann recht mit Ernst und mit Glück verfolgen können, wann wir alle ihr fremden Ansprüche aufgeben, auf alles andere verzichten. Darum ist das bloße Wollen und auch Können an sich noch nicht zureichend, sondern ein Mensch muss auch wissen, was er will, und wissen, was er kann: erst so wird er Charakter zeigen, und erst dann kann er etwas Rechtes vollbringen. Bevor er dahin gelangt, ist er, ungeachtet der natürlichen Konsequenz des empirischen Charakters, doch charakterlos und, obwohl er im Ganzen sich treu bleiben und seine Bahn durchlaufen muss, von seinem Dämon gezogen; so wird er doch keine schnurgerechte, sondern eine zitternde, ungleiche Linie beschreiben, schwanken, abweichen, umkehren, sich Reue und Schmerz bereiten: dies alles, weil er, im Großen und Kleinen, so vieles als dem Menschen möglich und erreichbar vor sich sieht und doch nicht weiß, was davon allein ihm gemäß und ihm ausführbar, ja auch nur ihm genießbar ist. (...) Denn wie dem Fische nur im Wasser, dem Vogel nur in der Luft, dem Maulwurf nur unter der Erde wohl ist, so jedem Menschen nur in der ihm angemessenen Atmosphäre; wie denn z. B. die Hofluft nicht jedem respirabel ist.[WV55]

Der allein ist wahrhaft glücklich, der im Leben nicht *das Leben* will, d. h. nicht nach dessen Gütern strebt. Denn er macht sich die Last leicht. Man stelle sich eine Last vor, die auf Stützen lose ruht, und einen Menschen, der gebückt unter ihr steht. Hebt er sich und drängt ihr entgegen, so trägt er sie ganz: zieht er sich zurück von ihr, in sich zusammen, so trägt er nichts, und ihm ist leicht.[HN1, 102]

Die Musik

Die Musik redet nicht von Dingen: sie redet von lauter Wohl und Wehe (die einzigen Realitäten für den Willen), und darum spricht sie so sehr zum Herzen: während sie dem Kopf unmittelbar nichts zu sagen hat.[HN3, 279]

Die Musik ist nämlich eine so unmittelbare Objektivation und Abbild des ganzen Willens, wie die Welt selbst es ist, ja wie die Ideen es sind, deren vervielfältigte Erscheinung die Welt der einzelnen Dinge ausmacht. Die Musik ist also keineswegs, gleich den anderen Künsten, das Abbild der Ideen, sondern Abbild des Willens selbst, dessen Objektität auch die Ideen sind: deshalb eben ist die Wirkung der Musik so sehr viel mächtiger und eindringlicher als die der anderen Künste: denn diese reden nur vom Schatten, sie aber vom Wesen.[WV52]

Denn die Musik ist, wie gesagt, darin von allen anderen Künsten verschieden, dass sie nicht Abbild der Erscheinung, oder richtiger, der adäquaten Objektität des Willens, sondern unmittelbar Abbild des Willens selbst ist und also zu allem Physischen der Welt das Metaphysische, zu aller Erscheinung das Ding an sich darstellt. Man könnte demnach die Welt ebenso wohl verkörperte Musik als verkörperten Willen nennen (…) [WV52]

Die Musik ist von der physischen Seite (…) ein Mittel, rationelle und irrationelle Zahlenverhältnisse nicht etwa wie die Arithmetik durch Hilfe des Begriffs fasslich zu machen, sondern dieselben zu einer ganz unmittelbaren und simultanen sinnlichen Erkenntnis zu bringen. (…) Und wie es dieselben Töne sind, die zugleich Melodie und Harmonie konstituieren, so liegt hierin die Anzeige, dass es derselbe Wille ist, der in allen Naturwesen erscheint. Und ebenfalls wie die höheren Oktaven mit ihren Tönen nur das Produkt der Bassnoten sind, so sind dem analog alle höhern Stufen der Naturwesen hervorgegangen aus der unorganischen Masse, die ihre Quelle wie ihr Träger ist.[HN3, 54]

Populär redend könnte man sagen: Die Musik im Ganzen ist die Melodie, zu der die Welt der Text ist.[HN1, 485]

Eine Beethoven'sche Symphonie zeigt uns die größte Verwirrung vereinigt mit der vollkommensten Ordnung, den heftigsten Kampf, der sich im nächsten Augenblick zur schönsten Einigkeit gestaltet; und so ist sie ein treues und vollkommnes Abbild des Wesens der Welt, welche dahinrollt im unübersehbaren Gewirr zahlloser Gestalten und durch stete Zerstörung sich selbst erhält.[HN3, 57]

Das unaussprechlich Innige aller Musik, vermöge dessen sie als ein so ganz vertrautes und doch ewig fernes Paradies an uns vorüberzieht, so ganz verständlich und doch so unerklärlich ist, beruht darauf, dass sie alle Regungen unseres innersten Wesens wiedergibt, aber ganz ohne die Wirklichkeit und fern von ihrer Qual. Imgleichen ist der ihr wesentliche Ernst, welcher das Lächerliche aus ihrem unmittelbar eigenen Gebiet ganz ausschließt, daraus zu erklären, dass ihr Objekt nicht die Vorstellung ist, in Hinsicht auf welche Täuschung und Lächerlichkeit allein möglich sind, sondern ihr Objekt unmittelbar der Wille ist und dieser wesentlich das Allerernsteste, als wovon alles abhängt.[WV52]

Kunst ist alles, was uns das Leben so zeigt, wie es eigentlich und wahrhaftig ist, aber durch die Nebel objektiver und subjektiver Zufälligkeiten hindurch nicht sich hervortun kann. Die Kunst zieht also eigentlich nur diese Nebel weg. [HN3, 196]

Mitleid

Was die Menschen hartherzig macht, ist dieses, dass jeder an seinen eigenen Plagen genug zu tragen hat oder doch es meint. Daher macht ein ungewohnter glücklicher Zustand die meisten teilnehmend und wohltätig. Aber ein anhaltender, stets dagewesener wirkt oft umgekehrt, indem er sie dem Leiden so sehr entfremdet, dass sie nicht mehr daran teilnehmen können: daher kommt es, dass bisweilen die Armen sich hilfreicher erweisen als die Reichen. [VG]

Wenn uns nun aber, als eine seltene Ausnahme, ein Mensch vorkommt, der etwa ein beträchtliches Einkommen besitzt, von diesem aber nur wenig für sich benutzt und alles Übrige den Notleidenden gibt, während er selbst viele Genüsse und Annehmlichkeiten entbehrt, und wir das Tun dieses Menschen uns zu verdeutlichen suchen, so werden wir, ganz absehend von den Dogmen, durch welche er etwa selbst sein Tun seiner Vernunft begreiflich machen will, als den einfachsten, allgemeinen Ausdruck und als den wesentlichen Charakter seiner Handlungsweise finden, dass er weniger, als sonst geschieht, einen Unterschied macht zwischen sich und anderen. Wenn eben dieser Unterschied in den Augen manches andern so groß ist, dass fremdes Leiden dem Boshaften unmittelbare Freude, dem Ungerechten ein willkommenes Mittel zum eigenen Wohlsein ist, wenn der bloß Gerechte dabei stehen bleibt, es nicht zu verursachen, wenn überhaupt die meisten Menschen unzählige Leiden anderer in ihrer Nähe wissen und kennen, aber sich nicht entschließen, sie zu mildern, weil sie selbst einige Entbehrung dabei übernehmen müssten, wenn also jedem von diesen allen ein mächtiger Unterschied obzuwalten scheint zwischen dem eigenen Ich und dem fremden – so ist hingegen jenem Edlen, den wir uns denken, dieser Unterschied nicht so bedeutend; das *principium individuationis*, die Form der Erscheinung, befängt ihn nicht mehr so fest, sondern das Leiden, welches er an anderen sieht, geht ihn fast so nahe an wie sein eigenes: er sucht daher das Gleichgewicht zwischen beiden herzustellen, versagt sich Genüsse, übernimmt Entbehrungen, um fremde Leiden zu mildern. Er wird inne, dass der Unterschied zwischen ihm und anderen, welcher dem Bösen eine so große Kluft ist, nur einer vergänglichen, täuschenden Erscheinung angehört. Er erkennt, unmittelbar und ohne Schlüsse, dass das Ansich seiner eigenen Erscheinung auch das der fremden ist, nämlich jener Wille zum Leben, welcher das Wesen jeglichen Dinges ausmacht und in allem lebt, ja dass dieses sich sogar auf die Tiere und die ganze Natur erstreckt: Daher wird er auch kein Tier quälen.

Er ist jetzt so wenig im Stande, andere darben zu lassen, während er selbst Überflüssiges und Entbehrliches hat, wie irgendjemand einen Tag Hunger leiden wird, um am folgenden mehr zu haben, als er genießen kann. Denn jenem, der die Werke der Liebe übt, ist der Schleier der Maja durchsichtig geworden, und die Täuschung des *principii individuationis* hat ihn verlassen. Sich, sein Selbst, seinen Willen erkennt er in jedem Wesen, folglich auch in dem Leidenden. WV66

Wer sein Glück dem fremden, wenn auch dem mehrerer, opfert, gibt sein individuelles Dasein, seine Individualität, auf: er erkennt sich in der Spezies und hilft da aus, wo diese am meisten leidet: in andern. Dadurch gibt er aber auch den Willen überhaupt auf oder wird wenigstens nahe daran gebracht: denn in der Individualität wurzelt der Egoismus und in diesem der Wille zum Leben. [HN4/1, 14]

Im Grunde ist alle Güte des Herzens, ja alle Tugend, und selbst die Heiligkeit, zurückzuführen auf das Überwiegen der Erkenntnis über den Willen. Denn jene entsteht ja zuletzt dadurch, dass das bloß erkannte Leiden anderer unser Tun mehr bestimmt als der eigene Wille und sein unmittelbares Genügen. [HN4/1, 1]

Eine gewisse Art von Mut entspringt aus einer Wurzel mit der Herzensgüte, nämlich daraus, dass der damit begabte Mensch sich seines Daseins in den andern Individuen fast so deutlich bewusst ist als in dem eigenen. Wie hieraus die Herzensgüte hervorgeht, habe ich oft gezeigt. Den Mut bringt dieses

Bewusstsein dadurch hervor, dass der Mensch weniger an seinem individuellen Dasein hängt, da er fast ebenso sehr im allgemeinen Dasein aller Wesen lebt und deshalb für sein Leben und was dem anhängt wenig besorgt ist. Dies ist keineswegs jedesmal die Quelle des Muts: denn er ist ein Phänomen verschiedener Ursachen. Aber es ist die edelste Art des Mutes, welches sich daran zeigt, dass er hier mit großer Sanftmut und Geduld verbunden ist.

Menschen solcher Art pflegen den Weibern unwiderstehlich zu sein.[HN3, 513]

Der Großmut, die *Clementia,* das Vergeben, das Erwidern des Bösen mit Gutem zwingt uns deshalb so ungemessenes Lob und Bewunderung ab, weil der es übt sein eigenes Wesen wiedererkennt auch in dem, welcher in ihm das seinige verkannte, und zugleich ihn von seinem Irrtum zurückbringt auf dem Wege, welcher der sanfteste und zugleich der allein sichere ist: denn dieser ist genötigt, zu sich (im innersten Gefühl) zu sagen: „Das Wesen, das ich verletzte, war ich selbst, denn es behandelt mich wie sich selbst." – Wie wenig vermag dagegen der unsichere Weg der Vorwürfe.[HN3, 194]

Im Licht

Askese – Gesund und heiter –
Das Vermächtnis

Wer sich überwindet, dem öffnet sich die Welt. Je mehr wir kennen und wollen, desto schwerer fällt uns das Glücklichsein. Daher ist das erste Ziel die Gleichgültigkeit gegen alle Dinge. Das klingt nach einem Stoizismus der Neuzeit, nach Beschränkung des Menschlichen aus dem Geist der Härte. Aber Schopenhauer will anderes, er will ein Leben mit heißem Herzen, die Leidenschaft der Überwindung. Er fordert viel, sind wir doch darauf eingestellt, ein „erträgliches Schlaraffenleben" zu führen während der paar Jahre, die wir leben: „Das ist uns unendlich lieber als das ewige Heil", glaubt er.

Dabei müssen wir nur lernen, heiter zu sein. Das Mitleid ist die Heiterkeit des Sozialen, die Musik ist die Heiterkeit der Welt. Muss man dies begründen? Schopenhauer hält es mit der Psychologie, ihm geht es um die Stimmung: „Wer heiter ist, hat immer Ursache, es zu sein, nämlich eben diese, dass er heiter ist." Das scheint gar nicht so schwer zu sein; aber wer sich nicht täglich mindestens zwei Stunden an der frischen Luft bewegt, der wird auch nicht heiter, nie im Leben!

So leben wir und vergehen; aber das ist nicht schlimm. Denn wir alle kommen aus einer Ewigkeit vor unserer Existenz, wir alle tauchen in eine Ewigkeit nach unserer Existenz, in eine andere Realität, wie Schopenhauer glaubt, in eine Wirklichkeit aus strahlendem Licht. Kann es nicht doch schön sein, das Dasein, dieser „Ort der Helle und Deutlichkeit“?

Askese

Alle Beschränkung beglückt. Je enger unser Gesichts-, Wirkungs- und Berührungskreis, desto glücklicher sind wir: je weiter, desto öfter fühlen wir uns gequält oder geängstigt. Denn mit ihm vermehren und vergrößern sich die Sorgen, Wünsche und Schrecknisse. Darum sind sogar Blinde nicht so unglücklich, wie es uns *a priori* scheinen muss: dies bezeugt die sanfte, fast heitere Ruhe in ihren Gesichtszügen. Auch beruht es zum Teil auf dieser Regel, dass die zweite Hälfte des Lebens trauriger ausfällt als die erste. Denn im Laufe des Lebens wird der Horizont unsrer Zwecke und Beziehungen immer weiter. In der Kindheit ist er auf die nächste Umgebung und die engsten Verhältnisse beschränkt; im Jünglingsalter reicht er schon bedeutend weiter; im Mannesalter umfasst er unsern ganzen Lebenslauf, ja erstreckt sich oft auf die entferntesten Verhältnisse, auf Staaten und Völker; im Greisenalter umfasst er die Nachkommen.

Jede Beschränkung hingegen, sogar die geistige, ist unserm Glücke förderlich. Denn je weniger Erregung des Willens, desto weniger Leiden: und wir wissen, dass das Leiden das Positive, das Glück bloß negativ ist. Beschränktheit des Wirkungskreises benimmt dem Willen die äußeren Veranlassungen zur Erregung, Beschränktheit des Geistes die innern.[AL]

Wir müssen es dahin zu bringen suchen, dass wir, was wir besitzen, mit eben den Augen sehn, wie wir es sehn würden, wenn es uns entrissen würde: was es auch sei, Eigentum, Gesundheit, Freunde, Geliebte, Weib und Kind: meistens fühlen wir den Wert erst nach dem Verlust. Bringen wir es dahin, so wird erstlich der Besitz uns unmittelbar mehr beglücken; und zweitens werden wir auch auf alle Weise dem Verlust vorbeugen, das Eigentum keiner Gefahr aussetzen, die Freunde nicht erzürnen, die Treue der Weiber nicht auf Proben stellen, die Gesundheit der Kinder bewachen usf. Wir pflegen beim Anblick alles dessen, was wir nicht haben, zu denken „wie, wenn das mein wäre?“, und dadurch machen wir uns die Entbehrung fühlbar. Stattdessen sollten wir bei dem, was wir besitzen, oft denken: „wie, wenn ich dieses verlöre?“
HN3, 275

Vergleichen wir das Leben einer Kreisbahn aus glühenden Kohlen mit einigen kühlen Stellen, welche Bahn wir unablässig zu durchlaufen hätten, so tröstet den im Wahn Befangenen die kühle Stelle, auf der er jetzt eben steht oder die er nahe vor sich sieht, und er fährt fort, die Bahn zu durchlaufen. Jener aber, der, das *principium individuationis* durchschauend, das

Wesen der Dinge an sich und dadurch das Ganze erkennt, ist solchen Trostes nicht mehr empfänglich: Er sieht sich an allen Stellen zugleich und tritt heraus.

Sein Wille wendet sich, bejaht nicht mehr sein eigenes, sich in der Erscheinung spiegelndes Wesen, sondern verneint es. Das Phänomen, wodurch dieses sich kundgibt, ist der Übergang von der Tugend zur Askesis. Nämlich es genügt ihm nicht mehr, andere sich selbst gleich zu lieben und für sie so viel zu tun wie für sich; sondern es entsteht in ihm ein Abscheu vor dem Wesen, dessen Ausdruck seine eigene Erscheinung ist, dem Willen zum Leben, dem Kern und Wesen jener als jammervoll erkannten Welt. Er verleugnet daher eben dieses in ihm erscheinende und schon durch seinen Leib ausgedrückte Wesen, und sein Tun straft jetzt seine Erscheinung Lügen, tritt in offenen Widerspruch mit derselben. Wesentlich nichts anderes als Erscheinung des Willens, hört er auf, irgendetwas zu wollen, hütet sich, seinen Willen an irgendetwas zu hängen, sucht die größte Gleichgültigkeit gegen alle Dinge in sich zu befestigen.

Sein Leib, gesund und stark, spricht durch Genitalien den Geschlechtstrieb aus; aber er verneint den Willen und straft den Leib Lügen: er will keine Geschlechtsbefriedigung, unter keiner Bedingung. Freiwillige, vollkommene Keuschheit ist der erste Schritt in der Askese oder der Verneinung des Willens zum Leben. Sie verneint dadurch die über das individuelle Leben hinausgehende Bejahung des Willens und gibt damit die Anzeige, dass mit dem Leben dieses Leibes auch der Wille, dessen Erscheinung er ist, sich aufhebt.[WV68]

Gesund und heiter

Wenigstens neun Zehntel unsers Glücks beruhen allein auf der Gesundheit. Denn zuvörderst hängt von ihr die Heiterkeit der Stimmung ab: wo diese vorhanden ist, scheinen die ungünstigsten, feindlichsten äußern Verhältnisse erträglicher als die glücklichsten, wo Kränklichkeit verdrießlich oder ängstlich macht. Man vergleiche die Art, wie man am gesunden und heitern Tage dieselben Dinge sieht, mit der Art, wie sie an kränklichen Tagen erscheinen. Nicht was die Dinge im äußern Zusammenhang der Erfahrung wirklich sind, sondern was sie für uns in unsrer Auffassung sind, macht uns glücklich oder unglücklich. Sodann kann die Gesundheit und sie begleitende Heiterkeit alles andre ersetzen, nichts aber sie. Endlich ist ohne sie kein äußres Glück genießbar, ist also für den kranken Besitzer nicht da: mit ihr ist alles eine Quelle des Genusses: daher ist ein gesunder Bettler glücklicher als ein kranker König. – Also ist es nicht ohne Grund, dass man sich gegenseitig immer nach dem Befinden erkundigt, nicht nach andern Dingen, und sich wohl zu befinden wünscht: denn das ist neun Zehntel alles Glücks. – Hieraus folgt, dass es die größte aller Torheiten ist, seine Gesundheit zum Opfer zu bringen für was es auch sei, für Erwerb, für Gelehrsamkeit, für Ruhm, für Beförderung, nun gar für Wollust und flüchtige Genüsse. Vielmehr soll man alles und jedes stets ihr nachsetzen. [HN3, 514]

Wenn nun gleich der Grad unserer Heiterkeit oder Traurigkeit nicht zu allen Zeiten derselbe ist, so werden wir, dieser Ansicht zufolge, es nicht dem Wechsel äußerer Umstände, sondern dem des innern Zustandes, des physischen Befindens zuschreiben. Denn, wann eine wirkliche, wiewohl immer nur temporäre Steigerung unserer Heiterkeit, selbst bis zur Freudigkeit, eintritt, so pflegt sie ohne allen äußern Anlass sich einzufinden.[WV57]

So ist das Leben fast aller Menschen: Sie wollen, wissen, was sie wollen, streben danach mit so vielem Gelingen, als sie vor Verzweiflung, und so vielem Misslingen, als sie vor Langerweile und deren Folgen schützt. Daraus geht eine gewisse Heiterkeit, wenigstens Gelassenheit hervor, an welcher Reichtum oder Armut eigentlich nichts ändern: denn der Reiche und der Arme genießen nicht, was sie haben, da dies, wie gezeigt, nur negativ wirkt, sondern was sie durch ihr Treiben zu erlangen hoffen. Sie treiben vorwärts, mit vielem Ernst, ja mit wichtiger Miene: so treiben auch die Kinder ihr Spiel.[WV60]

Was nun aber von jenen allen uns am unmittelbarsten beglückt, ist die Heiterkeit des Sinnes: denn diese gute Eigenschaft belohnt sich augenblicklich selbst. Wer eben fröhlich ist, hat allemal Ursach es zu sein: nämlich eben diese, dass er es ist. Nichts kann so sehr wie diese Eigenschaft jedes andere Gut vollkommen ersetzen, während sie selbst durch nichts zu ersetzen ist. Einer sei jung, schön, reich und geehrt, so fragt sich, wenn man sein Glück beurteilen will, ob er dabei heiter sei: ist er hingegen heiter, so ist es einerlei, ob er jung oder alt, gerade oder bucklig, arm oder reich sei; er ist glücklich. In früher Jugend machte ich ein Mal ein altes Buch auf, und da stand: „wer viel lacht, ist glücklich, und wer viel weint, ist unglücklich" – eine sehr einfältige Bemerkung, die ich aber wegen ihrer einfachen Wahrheit doch nicht habe vergessen können, so sehr sie auch der Superlativ eines *truism's* ist. Dieserwegen also sollen wir der Heiterkeit, wann immer sie sich einstellt, Tür und Tor öffnen: denn sie kommt nie zur unrechten Zeit – statt dass wir oft Bedenken tragen, ihr Eingang zu gestatten, indem wir erst wissen wollen, ob wir denn auch wohl in jeder Hinsicht Ursach haben, zufrieden zu sein, oder auch, weil wir fürchten, in unsern ernsthaften Überlegungen und wichtigen Sorgen dadurch gestört zu werden: allein was wir durch diese bessern, ist sehr ungewiss; hingegen ist Heiterkeit unmittelbarer Gewinn. Sie allein ist gleichsam die bare Münze des Glückes und nicht, wie alles andere, bloß der Bankzettel, weil nur sie unmittelbar in der Gegenwart beglückt – weshalb sie das höchste Gut ist für Wesen, deren Wirklichkeit die Form einer unteilbaren Gegenwart zwischen zwei unendlichen Zeiten hat. Demnach sollten wir die Erwerbung und Beförderung dieses Gutes jedem andern Trachten vorsetzen.

Nun ist gewiss, dass zur Heiterkeit nichts weniger beiträgt als Reichtum und nichts mehr als Gesundheit: in den niedrigen, arbeitenden, zumal das Land bestellenden Klassen sind die heitern und zufriedenen Gesichter, in den reichen und vornehmen die verdrießlichen zu Hause. Folglich sollten wir vor allem bestrebt sein, uns den hohen Grad vollkommener Gesundheit zu erhalten, als dessen Blüte die Heiterkeit sich einstellt. Die Mittel hierzu sind bekanntlich Vermeidung aller Exzesse und Ausschweifungen, aller heftigen und unangenehmen Gemütsbewegungen, auch aller zu großen oder zu anhaltenden Geistesanstrengung, täglich zwei Stunden rascher Bewegung in freier Luft, viel kaltes Baden und ähnliche diätetische Maßregeln. Ohne tägliche gehörige Bewegung kann man nicht gesund bleiben: alle Lebensprozesse erfordern, um gehörig vollzogen zu werden, Bewegung sowohl der Teile, darin sie vorgehn, als des Ganzen.[AL]

Das Leben besteht in der Bewegung und hat sein Wesen in ihr. Im ganzen Innern des Organismus herrscht unaufhörliche, rasche Bewegung: das Herz, in seiner komplizierten doppelten Systole und Diastole, schlägt heftig und unermüdlich: mit 28 seiner Schläge hat es die gesamte Blutmasse durch den ganzen großen und kleinen Kreislauf hindurchgetrieben; die Lunge pumpt ohne Unterlass, wie eine Dampfmaschine; die Gedärme winden sich stets im *motus peristalticus*; alle Drüsen saugen und sezernieren beständig; selbst das Gehirn hat eine doppelte Bewegung mit jedem Pulsschlag und jedem Atemzug. Wenn nun hiebei, wie es bei der ganz und gar sitzenden Lebensweise unzähliger Menschen der Fall ist, die äußere Bewegung so gut wie ganz fehlt; so entsteht ein schreiendes und verderbliches Missverhältnis zwischen der äußeren Ruhe und dem innern Tumult. Denn sogar will die beständige innere Bewegung durch die äußere etwas unterstützt sein: jenes Missverhältnis aber wird dem analog, wenn infolge irgendeines Affekts es in unserm Innern kocht, wir aber nach außen nichts davon sehn lassen dürfen. Sogar die Bäume bedürfen, um zu gedeihen, der Bewegung durch den Wind.[AL]

Es wundert mich nicht, dass sie Langeweile haben, wann sie allein sind: sie können nicht allein lachen, sogar erscheint solches ihnen närrisch. – Ist denn das Lachen etwa nur ein Signal für andere und ein bloßes Zeichen, wie das Wort? – Mangel an Phantasie und an Lebhaftigkeit des Geistes überhaupt, das ist es, was ihnen, wenn allein, das Lachen verwehrt. Die Tiere lachen weder allein noch in Gesellschaft.

Myson, der Misanthrop, war, allein lachend, von so einem überrascht worden, der ihn jetzt fragte, warum er denn lache, da er doch allein wäre? – „Gerade darum lache ich", war die Antwort.[VG]

Das Gegenteil des Lachens und Scherzes ist der Ernst. Demgemäß besteht er im Bewusstsein der vollkommenen Übereinstimmung und Kongruenz des Begriffs oder Gedankens mit dem Anschaulichen oder der Realität. Der Ernste ist überzeugt, dass er die Dinge denkt, wie sie sind, und dass sie sind, wie er sie denkt. Eben deshalb ist der Übergang vom tiefen Ernst zum Lachen so besonders leicht und durch Kleinigkeiten zu bewerkstelligen, weil jene vom Ernst angenommene Übereinstimmung, je vollkommener sie schien, desto leichter selbst durch eine geringe, unerwartet zu Tage kommende Inkongruenz aufgehoben wird. Daher, je mehr ein Mensch des ganzen Ernstes fähig ist, desto herzlicher kann er lachen. Menschen, deren Lachen stets affektiert und gezwungen herauskommt, sind intellektuell und moralisch von leichtem Gehalt, wie denn überhaupt die Art des Lachens und andererseits der Anlass dazu sehr charakteristisch für die Person ist. Dass die Geschlechtsverhältnisse den leichtesten, jederzeit bereitliegenden und auch dem schwächsten Witz erreichbaren Stoff zum Scherze abgeben, wie die Häufigkeit der Zoten beweist, könnte nicht sein, wenn nicht der tiefste Ernst gerade ihnen zum Grunde läge.[WV8]

In allem und bei allem genießt man eigentlich nur sich selbst: taugt das Selbst nicht viel, so sind alle Genüsse wie köstliche Weine in einem mit Galle tingierten Munde. – Wie nun die großen Feinde des menschlichen Glücks sind: Schmerz und Langeweile, so hat die Natur auch der Persönlichkeit gegen jedes von beiden ein Schutzmittel verliehen: gegen den Schmerz (der viel öfter geistig als körperlich ist) die Heiterkeit und gegen die Langeweile den Geist. – Beide sind jedoch einander nicht verwandt, ja in den höchsten Graden wohl gar inkompatibel. Das Genie ist der Melancholie verwandt, (...) und die sehr heitern Gemüter sind nur von oberflächlichen Geisteskräften. Je besser also eine Natur gegen das eine dieser Übel ausgerüstet ist, desto schlechter ist sie es in der Regel gegen das andre.

Frei von Schmerz und Langeweile bleibt kein Menschenleben: nun ist es eine besondre Gunst des

Schicksals, wenn es einen Menschen hauptsächlich demjenigen jener beiden Übel aussetzt, gegen welches er von der Natur am besten ausgerüstet ist, vielen Schmerz dahin schickt, wo viel Heiterkeit ist, ihn zu tragen, und viel leere Muße dahin, wo viel Geist ist – nicht aber umgekehrt. Denn der Geist lässt die Schmerzen doppelt und vielfach empfinden; und einem heitern Gemüt ohne Geist ist Einsamkeit und unausgefüllte Muße ganz unerträglich. [HN3, 599f]

Ein gewisser Grad von Stoizismus, der dem Schicksal Trotz bietet, ist nicht selten, entspringt aber meistens aus Gefühllosigkeit: es fehlt ihnen an Kraft und Empfindung zu einem heftigen Seelenleiden. Dieser Stoizismus, sei er nun Werk der Vernunft oder der Unempfindlichkeit, mag zwar ein guter Panzer gegen die Leiden des Lebens sein und dienen, die Gegenwart besser zu ertragen: allein dem wahren Heil ist er hinderlich: denn er verhärtet das Herz. Denn wie soll das Herz durch Leiden gebessert werden, wenn es, von einer steinernen Rinde umgeben, sie nicht tief empfindet? Und diese Art der Besserung, der Erlösung, der Wendung des Willens ist doch wohl die häufigste: das, was ich den deuteros plous genannt habe: Es ist der Weg der Sünder, wie wir alle sind. Der andre Weg, durch bloße Erkenntnis, ist der der Heiligen und die seltenste Ausnahme.

Dieser Weg ist die schmale Straße der Auserwählten, und ohne den anderen wäre für die meisten kein Heil abzusehen. Wir sträuben uns gegen diesen zweiten Weg aus allen Kräften. Unser Ziel ist ein erträgliches Schlaraffenleben die Spanne Zeit hindurch, welches, auch im günstigsten Fall, doch nur höchst mittelmäßig ausfallen kann: das ist uns unendlich lieber als das ewige Heil. Aber die geheime Macht, deren Wurzel in unserm nie erkannten Innern liegt und die das Schicksal des Einzelnen lenkt, sorgt besser für uns, indem sie Dornen über Dornen auf unserm Pfade wachsen lässt und das heilsame Leiden, das Panakeion unseres Jammers, uns überall entgegenbringt, wohin wir uns auch wegwenden. Daher ist das Leben im Ganzen und im Einzelnen ein Trauerspiel: der Held leidet, bis er, geläutert und verklärt, seinen Willen von der Welt abwendet. [HN4/1, 94f]

Was die Leute so das Schicksal nennen, sind meistens nur ihre eigenen dummen Streiche. [HN3, 555]

Nichts ist seines Lohns sicherer als die Heiterkeit: denn bei ihr ist Lohn und Tat eines. Nichts kann so wie sie jedes andre Gut sicher und reichlich ersetzen. (...) Wer heiter ist, hat immer Ursache, es zu sein, nämlich eben diese, dass er heiter ist. [HN3, 238f]

Das Vermächtnis

Wenn, was uns den Tod schrecklich macht, die Vorstellung des Nichtseins wäre, so müssten wir ebenso mit Schaudern an die Zeit, wo wir noch nicht waren, zurückdenken. Es ist unumstößlich gewiss, dass das Nichtsein nach dem Tode nicht verschieden von dem vor dem Leben, folglich auch nicht beklagenswerter sein kann. Es gibt keine natürlichere Frage als diese: eine Ewigkeit, d. h. eine unendliche Zeit, ist vor meiner Geburt abgelaufen: was war ich alle jene Zeit hindurch? – Die eigentliche Antwort ist: Ich war eben immer Ich: nämlich alle, die jene Zeit hindurch „Ich" sagten, die waren eben Ich. – Will man die Antwort aber nicht gelten lassen, sondern annehmen, ich wäre gar nicht gewesen, so kann ich mich über die unendliche Zeit nach meinem Tode, wo ich dann auch nicht sein werde, trösten mit der unendlichen Zeit, wo ich schon nicht war, da die Ewigkeit *a parte post* ohne mich so wenig schrecklich sein kann, als die Ewigkeit *a parte ante* ohne mich, da beide sich durch nichts unterscheiden als durch die Dazwischenkunft eines ephemeren Lebenstraums. Alle Beweise für die Fortdauer nach dem Tode lassen sich ebenso gut *in partem ante* wenden und durch sie das Dagewesensein vor dem Leben demonstrieren, in dessen Annahme Hindu und Buddhaisten sehr konsequent sind. Die Idealität der Zeit allein löst alle diese Rätsel. Es ist aber überhaupt keine Vorstellung oder Gedanke, sondern der blinde Trieb, Wille zum Leben, der die Essenz unsers Wesens ist, was den *horror mortis* erzeugt.[HN3, 592f]

Die Sichtbarkeit der Dinge, diese allein unschuldige Seite der Welt, die reine Vorstellung, in welcher die gesonderten und mannigfaltigen Formen, in denen der Wille sich manifestiert, so deutlich und bedeutungsvoll dastehn – dies alles ist so schön, dass es uns ans Dasein als an den Ort der Helle und Deutlichkeit

fesseln muss: und wir schaudern vor dem Tode vielleicht hauptsächlich, weil er dasteht als die Finsternis, aus der wir einst hervorgetreten und in die wir nun zurücksollen. Aber ich glaube, dass, wann der Tod unsre Augen schließt, wir in einem Licht stehn, von welchem unser Sonnenlicht nur der Schatten ist.
HN3, 523

Epilog

(...) und wir wissen, dass diese Augenblicke, wo wir, vom grimmen Willensdrange erlöst, gleichsam aus dem schweren Erdenäther auftauchen, die seligsten sind, welche wir kennen. Hieraus können wir abnehmen, wie selig das Leben eines Menschen sein muss, dessen Wille nicht auf Augenblicke, wie beim Genuss des Schönen, sondern auf immer beschwichtigt ist, ja gänzlich erloschen, bis auf jenen letzten glimmenden Funken, der den Leib erhält und mit diesem erlöschen wird. Ein solcher Mensch, der, nach vielen bitteren Kämpfen gegen seine eigene Natur, endlich ganz überwunden hat, ist nur noch als rein erkennendes Wesen, als ungetrübter Spiegel der Welt übrig. Ihn kann nichts mehr ängstigen, nichts mehr bewegen: denn alle die tausend Fäden des Wollens, welche uns an die Welt gebunden halten und als Begierde, Furcht, Neid, Zorn uns hin- und herreißen unter beständigem Schmerz, hat er abgeschnitten. Er blickt nun ruhig und lächelnd zurück auf die Gaukelbilder dieser Welt, die einst auch sein Gemüt zu bewegen und zu peinigen vermochten, die aber jetzt so gleichgültig vor ihm stehen wie die Schachfiguren nach geendigtem Spiel oder wie am Morgen die abgeworfenen Maskenkleider, deren Gestalten uns in der Faschingsnacht neckten und beunruhigten. Das Leben und seine Gestalten schweben nur noch vor ihm wie eine flüchtige Erscheinung, wie dem Halberwachten ein leichter Morgentraum, durch den schon die Wirklichkeit durchschimmert und der nicht mehr täuschen kann: und eben auch wie dieser verschwinden sie zuletzt, ohne gewaltsamen Übergang.[WV68]

Anhang

Dank und Quellen

Ich danke Christiane Seiler für die große Hilfe beim Suchen und für die Gespräche, ohne die ich Arthur Schopenhauer wohl nicht verstanden hätte.

Siglen:

AL: „Aphorismen zur Lebensweisheit" (aus: *Parerga und Paralipomena*)

HN: *Handschriftlicher Nachlass* (mit Bandnummer und Seitenzahl)

PP: *Parerga und Paralipomena*

VG: „Vereinzelte, jedoch systematische Gedanken über vielerlei Gegenstände" (aus: *Parerga und Paralipomena*)

WV: *Die Welt als Wille und Vorstellung* (nach der 3. Auflage 1859) (mit der Paragraphennummer)

Unsere Auswahl stützt sich auf folgende Editionen:

Arthur Schopenhauers sämtliche Werke, herausgegeben von Paul Deussen und Franz Mockrauer, Band 1–6, München 1911–1926.

Arthur Schopenhauer, *Sämtliche Werke*, herausgegeben von Arthur Hübscher, 7 Bände, Wiesbaden 1950ff, München 1985.

Arthur Schopenhauer, *Der handschriftliche Nachlaß*, herausgegeben von Arthur Hübscher, 5 Bände, Frankfurt am Main 1966–1968.

Eine vorzügliche Suchhilfe bietet:

Schopenhauer im Kontext (Release 9/2005), herausgegeben von Karsten Worm (= Literatur im Kontext auf CD-ROM – Vol. 5)

Die Rechtschreibung wurde aktualisiert und an die geltenden Regeln angeglichen, auch veraltete Wortformen wurden gelegentlich modernisiert („hülfreich" zu „hilfreich", „Aeußerung" zu „Äußerung", „kompiliren" zu „kompilieren" usw.). Ähnliches gilt für die Zeichensetzung; hier wurden allerdings bestimmte Eigenheiten beibehalten. Griechische Originalzitate wurden in lateinische Schrift überführt, Sperrungen und Fettdruck durch Kursivdruck ersetzt oder getilgt. Auslassungen durch den Herausgeber sind durch runde, Einfügungen durch eckige Klammern gekennzeichnet.

Eintauchen – Träumen – Entdecken – Genießen

Anselm Grün

Mit Anselm Grün zur inneren Balance finden

Hg. von Anton Lichtenauer

Band 5701

Was ist wichtig im Leben? Und: Kann man es lernen, einüben? Darum geht es in dieser kleinen Lebensschule. Mit bisher unveröffentlichten Texten.

Mit Senta Berger ins weite Land der Kindheit

Hg. von Senta Berger

Band 5702

Senta Berger hat eine Auswahl ihrer liebsten Texte zusammengestellt, die die hellen und dunklen Seiten der Kindheit erforschen. Sie laden zur Reise in ein Land ein, das jeder kennt und das dennoch oft weit entfernt ist.

Rainer Maria Rilke

Mit Rilke ins Herz der Liebe schauen

Hg. von Ulla Bohn

Band 5704

Rilke über das größte der Gefühle: Ein Erfahrener in Sachen Liebe, der Worte für sie gefunden hat, die unmittelbar anrühren – bis heute. Eine populäre Auswahl von Gedichten, Briefen, Prosa.

Robert Lax

Mit Robert Lax die Träume fangen

Hg. von Steve Theodore Georgiou

Band 5705

Robert Lax konzentriert sich auf das Wesentliche. Er erzählt von der Zärtlichkeit, mit der das Leben dem begegnet, der sich ihm anvertraut. Einer, der den Träumen auf der Spur ist – und ermutigt, sie zu verwirklichen.

Joel ben Izzy
Mit Joel ben Izzy im Zaubergarten des Erzählens
Band 5703

Geschichten können das Leben von jedem von uns verändern. Wie? Davon handeln Joel ben Izzys Geschichten. Klug, warmherzig und verzaubernd: Pures Leseglück!

Dalai Lama
Mit dem Dalai Lama den Tag beschließen
Hg. von Karin Lichtenauer
Band 5706

Guter Schlaf macht glücklich! Den Weg zu Ruhe und Gelassenheit finden. Jeden Abend gut beenden. Und jeden Morgen anders aufwachen. Dazu laden diese Texte ein.

Verena Kast
Mit Verena Kast die Lebensfreude einladen
Band 5707

Lebensfreude: Jeder Mensch hat sie – doch ist sie oftmals gut versteckt. Verena Kast lädt dazu ein, sie wieder zu entdecken. Denn Lebensfreude ist eine wichtige Ressource, die auch durch schwierigere Zeiten trägt.

Janusz Korczak
Mit Janusz Korczak die Kinderwelt verstehen
Hg. von Annelie Öhlschläger
Band 5708

Kinder sind das Wichtigste, was uns anvertraut ist. Sie zu lieben, ist ihr – und unser Glück. Die schönsten Texte des großen Kinderfreundes. Vorgestellt von Maria Furtwängler.

Immanuel Kant
Mit Kant am Ast der Dummheit sägen
Hg. von Hans-Joachim Neubauer
Band 5709

„Es ist so bequem, unmündig zu sein". In diesem Band erscheint Kant neu: als verlässlicher Weggefährte durch die Fährnisse eines unvernünftigen Alltags, als Ratgeber bei Fragen der Moral und des Urteilens, als Menschenkenner ohne Scheuklappen.

Friedrich Nietzsche
Mit Nietzsche die Langsamkeit entdecken
Hg. von Hans-Joachim Neubauer
Band 5710

Wer zu schnell ist, läuft seinem Glück davon, sagt Nietzsche. Ruhe, Geduld, Rhythmus, Liebe, Maß und Kreativität – Glück braucht Muße. Und Lebenskunst braucht Zeit.

Mit Erich Fromm die Liebe zum Leben entdecken
Hg. von Rainer Funk
Band 5793

Fromm zeigt beeindruckend, dass alle Menschen die Liebe zum Lebendigen in sich tragen. Es kommt darauf an, sie zu leben und daraus Konsequenzen zu ziehen.

Mit Hannelore Hoger dem Täter auf der Spur
Hg. von Hannelore Hoger
Band 5808

Abends beim Krimi: Wohliges Gruseln und die Gewissheit, dass die Schauder in die Zehenspitzen fließen. Die etwas andere Kriminal-Anthologie von Hannelore Hoger, der Darstellerin der Bella Block.

Mit Tucholsky die Frauen verstehen
Hg. von Günter Stolzenberger
Band 5795

Zärtlich, komisch, poetisch, genau – wunderbare Texte über Frauen und aus der Sicht von Frauen geschrieben. „... wenn ich dann neben ihnen ging, fühlte ich plötzlich jenes alte Kindergefühl, das die kleinen Jungen manchmal haben: Frauen sind fremde, andre Wesen, die du nie verstehen wirst."

Mit C. S. Lewis den Staub aus dem Alltag klopfen
Hg. von Arnd Brummer
Band 5804

Texte von C.S. Lewis, die mit Humor Himmel und Hölle erkunden, die Welt im Kopf und Gott im Herzen haben. Neue Perspektiven gewinnen: nicht nur fühlen, sondern auch denken. Glauben, aber auch lachen.

HERDER spektrum